Horst Käthner

Kampf ums Überleben

Es gibt nur ein Glück: die Pflicht

Nur einen Trost: die Arbeit

Nur einen Genuss: das Schöne.

Horst Käthner

Kampf ums Überleben

Die Deutsche Nationalbibliothek verzeichnet diese Publikation in der Deutschen Nationalbibliografie; detaillierte bibliografische Daten sind im Internet über http://dnb.d-nb.de abrufbar.

ISBN 978-3-7557-7900-1

Herstellung und Verlag: BoD – Books on Demand, Norderstedt

Einband: Norbert Schramm

Liebe Leserin, lieber Leser,

nach dem Tod unseres Vaters, Horst Käthner, fanden wir in seinem Nachlass drei Notizbücher. Da diese alle in Stenografieschrift geschrieben sind, konnten wir nur anhand der lesbaren Jahreszahlen schlussfolgern, dass es sich um Aufzeichnungen aus der Zeit seiner Kriegsgefangenschaft handeln musste.

Es vergingen viele Jahre bis wir Frau Christel Heinze gefunden haben und sie gewinnen konnten, uns die Aufzeichnungen zu übersetzen. Der Erhaltungszustand der Notizbücher ist teilweise sehr schlecht und nur mit sehr viel Mühe zu entziffern. Hinzu kommt, dass jeder Mensch, der Steno schreibt, eine andere Handschrift führt und auch eigene Abkürzungen verwendet. Somit ist es nicht verwunderlich, dass manche Stellen nicht gelesen und entziffert werden konnten. Diese fehlenden Stellen sind mit Auslassungspunkten (…) gekennzeichnet. Wir haben einzelne Wörter, die im Satzzusammenhang vermutlich gemeint sind, in *Kursivschrift* eingefügt.

Wir danken Frau Heinze sehr herzlich für ihre Arbeit, denn inzwischen hat sie alle drei Notizbücher übersetzt.

Von den ca. 3,3 Millionen deutschen Soldaten, die in sowjetische Gefangenschaft gerieten, kehrten knapp 2 Millionen nach Deutschland zurück. Alle anderen (39 %) sind in den Lagern ums Leben gekommen oder gelten bis heute als verschollen. Insgesamt gerieten bis Kriegsende etwa 5,7 Millionen Rotarmisten in deutsche Kriegsgefangenschaft, die 3,3 Millionen von ihnen nicht überlebten (42%).

Als nachgeborene Generation haben wir schlimmstenfalls die Nachwirkungen des Zweiten Weltkrieges gesehen und nur wenig Entbehrungen erfahren müssen. Umso mehr ist es uns ein Bedürfnis, das die persönlichen Aufzeichnungen unseres Vaters nicht in Vergessenheit geraten und seine Erinnerungen der Nachwelt erhalten bleiben.

Mögen die persönlichen Schilderungen den Lesern die Sinnlosigkeit aller Kriege und die Grausamkeiten aller Kriegsbeteiligten lebhaft vor Augen führen.

Thomas Käthner, Annegret Schramm geb. Käthner und Norbert Schramm

Februar 2020

Mein Lebenslauf

Am 08.02.1926 wurde ich in Mühlhausen in Thüringen geboren. Mein Vater, Bäckermeister Paul Kätner, meine Mutter die Schneidermeisterin Traude Grete Käthner, geborene Runge. Meine ersten beiden Lebensjahre verliefen ohne besondere Vorkommnisse. Mit zwei Jahren wegen Wucherungen in der Nase operiert. Mit fünf Jahren machte ich meine erste große Reise nach Paris. Hier arbeitete mein Vater als Monteur für die Mühlhausener Strickmaschinenfabrik Walther & Co. Nach einem halben Jahr fuhren wir wieder nach Deutschland zurück.

Mit sechs Jahren kam ich in die Schule. Mein erster Lehrer in der *Grund*schule war Herr Bez.

Ich erreichte die Klassenziele leicht. Mit 10 Jahren kam ich in die Mittelschule.

Gleichzeitig wurde ich 1936 in das Deutsche Jungvolk aufgenommen. In der Mittelschule blieb ich bis zum Jahr 1942. Machte meine Abschlussprüfung und bestand alle Lehrfächer mit Ausnahme von Musik mit „gut". Gerade das hat mich sehr geärgert, denn ich hatte in allen Jahren in Musik „gut". Ich bin nicht unmusikalisch, denn ich hatte von 1937 bis 1942 Klavierunterricht bei Frau Mickel. Im ersten Jahr hatte ich große Fortschritte zu verzeichnen, denn ich konnte bereits Noten und auch schon Klavier spielen.

Margarete und Paul Käthner mit Sohn Horst um 1931

Nach etwa zwei Jahren ließen meine Erfolge im Klavierspielen nach, da ich durch die viele Schularbeit nicht mehr Zeit genug hatte zum Üben. Ich musste den Unterricht bei Herrn Richter aufgeben, da mein Vater annahm, ich würde dort *keine* größeren Fortschritte machen. Oft habe ich die Klavierstunden mit Tränen in den Augen verlassen. Es waren nicht Tränen der Angst, sondern Tränen der Wut, weil ich Stücke so und so viel Mal aufbekam. Es war mir durch die Schularbeiten nicht mehr möglich, die ganzen Themen durchzuarbeiten. Da Richter dann nur noch gegen mich war, stieß er bei mir auf vollkommene Ablehnung. Im letzten halben Jahr meiner Schulzeit gab ich dann den Unterricht auf. Wenn ich Schulkinder hätte, würde ich das nicht machen, denn es kann möglich sein, dass ein Jugendlicher leicht die Lust an irgendeiner Sache verlieren kann; dann zu Herrn Siegfried. Der Unterricht war von meiner Mutter sehr gut gedacht, störte aber sehr mein Selbstvertrauen in die Schule, noch dazu, da ich dann Herrn Siegfried als Hauptschullehrer in der Schule bekam. Ich habe jedenfalls bis zu meinem 16. Lebensjahr viel zu tun gehabt und hatte sehr wenig freie Zeit. Ich habe das auch sehr vermisst, denn ich hatte für das Spielen auf der Straße nie viel Interesse gehabt. Sonnabends ging ich immer in meinen Garten zum Ruhen und sonntags ging ich immer mit meinen Eltern aus. Dadurch kam ich mit Mädchen fast nicht zusammen. Das war für die Schule gut, hat aber auch Auswirkungen auf mein künftiges Leben gehabt, indem ich den Mädchen ziemlich schüchtern gegenüberstand. Ich habe auch wenig Freunde gehabt. Bei uns in der Straße wohnte z. B. nur ein Junge und der hieß Herbert Rost. Als ich in die Mittelschule kam, verzog er nach Gotha.

Straßenfest in der Stühlerstraße von Mühlhausen. Im Haus Nr. 18 (das dritte Haus von links vorn) wohnte Familie Käthner.

Ich machte meine Schulaufgaben oft mit meinem Schulkameraden Arthur Franke aus der Grünstraße. Ich selbst habe als Kind immer allein gelebt und so brauchte ich auch niemanden, der sich mit mir abgab. Ich streifte gern allein mit dem Fahrrad am Nachmittag durch den Wald oder fuhr mit dem Fahrrad zu den Steingräben[1]. Noch heute ist es eine der schönsten Erholungen für mich, Heilkräuter in der freien Natur zu sammeln.

Kurz vor Weihnachten 1941 musste ich mich auch für die Berufswahl entscheiden. Ich konnte gut schreiben und war für Büroarbeiten gut zu gebrauchen. Dies erzählte meine Mutter einer Kundin von ihr, der Frau … Diese schlug vor, dass ich bei der Stadtverwaltung eintreten sollte. Sie sprach mit ihrem Mann. Der schlug mir dann vor, davon Abstand zu nehmen und mich bei der Finanzverwaltung zu bewerben. Er hatte Beziehungen zum Herrn Kiesow vom Finanzamt Mühlhausen. Er holte sich die nötigen Unterlagen und dann schrieb er meinen Lebenslauf. Ich besorgte mir Zeugnisabschriften. Ich musste dann meine Bewerbungsschreiben machen und bekam Bescheid, dass ich mich am 1. April 1942 im Finanzamt Mühlhausen melden sollte. Nach 14 Tagen wurde ich zum ORR[2] geladen, der mich mit einem Schreiben bekannt machte, in dem stand, dass ich mich acht Tage später auf der Reichs-Finanzschule Meersburg am Bodensee zu melden hatte.

Reichsfinanzschule Meersburg (Bodensee)

---

[1] Trockentäler und Steingräben prägen die Muschelkalk-Landschaften um Mühlhausen. Sie zählen zu den be-ein-druckendsten Karstlandschaften Thüringens.
[2] Oberregierungsrat

Ich bekam sofort einen Schrecken und noch mehr wie ich meine Mutter. Sie wollte mich natürlich noch solange bis ich eingezogen wurde bei sich haben. Aber ich musste mich sofort entscheiden und schließlich zog ich meinen Beruf vor. Ich fuhr voller Erwartung nach Meersburg[3], denn es war ja mein erstes Studium auswärts.

Der Hausmeister bereitete mir schon durch seine unhöfliche Art etwas Unbehagen. Ich kam mit ganz Unbekannten zusammen.

Ich habe auch später immer wieder festgestellt, dass es besser ist – mit Ausnahmen – mit Unbekannten zusammenzukommen, wenn keiner vom anderen etwas weiß als umgekehrt. Außerdem ist dann niemand da, der einzelne begangenen Fehler später breittragen kann. Das habe das immer wieder festgestellt und es hat sich auch immer wieder bewahrheitet.

Ich machte dann im März 1943 die Finanzanwärter (Finanzverwalter)-Prüfung mit dem Ergebnis „fast gut". Ich bin mit einer mündlichen Prüfung mit Themen drangekommen, die ich gut beherrscht habe. Auch die schriftlichen Arbeiten verliefen zu meiner vollkommenen Zufriedenheit. Die Arbeit in AO[4] schrieb ich mit 1,75, die in Buchführung mit 2,00, die in EST[5] mit 2,25. Dadurch hat sich dann das Mittel etwas nach unten verschoben, so dass ich nicht zu einer reinen 2,00 kam.

Ich fuhr dann nach Hause und meine Eltern, wie auch ich, freuten sich des Wiedersehens.

Ich hatte damals einen Tadel meiner Eltern erwartet und zeigte nicht ganz sicher mein Zeugnis mit 2,25, aber meine Mutti lobte mich sofort und dafür bin ich ihr sehr dankbar. Ich hatte dann noch vier Tage frei und musste mich dann auf dem Finanzamt (FA) Erfurt melden. Ich wäre gern in Mühlhausen geblieben, aber das war nicht möglich, weil Mühlhausen kein Ausbildungs-Finanzamt war.

Ich kam etwas später im FA Erfurt an. Die anderen waren bereits untergebracht. Da schickte mich der OF und *Inspektor* Finanzwesen zu einer Firma, da ich mich dort bei einem Herrn Kirchheim melden sollte. Der saß in einem Sessel und die Angestellten waren ziemlich diensteifrig. Mir gefiel dieser Beruf als Betriebsprüfer tadellos, obwohl sehr viel Können dazu gehört. Und ich muss noch sehr viel lernen, bis ich es so weit gebracht habe wie Herr Kirchheim. Dann nahm ich am 13. Juli meinen Urlaub.

---

[3] Stadt am Bodensee (Baden-Württemberg)

[4] Abgabenordnung

[5] Einkommensteuer

Ich bekam am selben Tag meine Einberufung zum RAD[6] nach Unterweißbach und ich fuhr mit meinen Eltern nach …berg in Urlaub und von dort aus in kurzer Hose direkt zum RAD.

Hier musste man sich natürlich erst sehr umstellen auf den ganzen militärischen Dienstbetrieb. Doch nach einigen Wochen gefiel es mir ganz gut und wir waren nur ein paar Wochen im RAD, dann hieß es plötzlich, alle Arbeitsmänner vom Jahrgang 1926, die keine Freiwilligen waren, wurden von der … geholt und mussten sich sofort fertig machen. Die fuhren mit …feldmeister Hildebrand bis nach … in Westfalen.

Junge Männer des Reichsarbeitsdienstes

Hier wurden sie zusammen mit anderen Arbeitsmännern des Jahrgangs 1926 zu einer neuen Einheit zusammengestellt. Die Abteilung bestand nur aus *Arbeitsmännern, zusammengestellt* zu einer Flakbatterie.

Ich war zuerst E3[7] am Kdo 40[8]. Nach kurzer Zeit wurde ich *zum* Lehrgang zur FA5 IV … geschickt. Hier machte ich einen Lehrgang als B4 - B5[9] mit. Ich schaffte ihn gut. Ich habe mit Sonntags-Urlaubsschein Fahrten zur Zugspitze und nach Garmisch-Partenkirchen gemacht. Dann kamen wir wieder zurück nach … Hier war Höhenzahl[10] 0 m in der …

Noch ganz jung waren diese Flakhelfer kurz vor Ende des Krieges.

---

[6] Reichsarbeitsdienst („Alle jungen Deutschen beiderlei Geschlechts sind verpflichtet, ihrem Volk im Reichsarbeitsdienst zu dienen.")

[7] Zu jedem Flak-Batteriegefechtstand gehörte neben dem Batteriechef der Messoffizier und der Messtruppführer, die eine Messstaffel führen – mit E1-Entfernungsmesser, E2-Seitenwinkelmesser und E3-Höhenmesser.

[8] Kdo 40 = Kommandogerät 40; Koordinatenrechner für XYZ-Koordinaten

[9] Bezeichnungen für Bedienungsleute – B4 ist der Kursübermittler, B5 bedient die Schalterstellungen

[10] Höhenzahlen = Höhenangaben auf Geländekarten in Metern; beziehen sich auf Normal-Null (NN)

Tagebuch 1
Februar 1945 bis Mai 1946

08.02.1945   Mein Geburtstag in Fort Waldersee[11]. Alles gesund.

12.02.1945   Verwundet vor Fort Bonin[12] als Artillerie-Beobachter.
Oftmals schlaf ich am Telefon als VB neben dem schweren MG-Stand. Der Kommandant lässt trotz meines Hinweises, dass sich keine aufgesessene Infanterie auf den Panzern befindet, einige MG-Schüsse auf den Panzer abschießen. Panzer schießt zurück. Einschlag vor mir im Baum. Baum fällt auf mich. Splitter im rechten Oberschenkel. Konnte fast nicht laufen. Spitze!

15.02.1945   Offiziere verlassen feige das Fort. Niemand wusste Bescheid. Nochmal zum Kernwerk[13].

16.02.1945   Fort Waldersee wird übergeben. Gefangenschaft, Marsch.

28.03.1945   Geburtstag von Mutti. Schade, dass ich ihr nicht persönlich gratulieren kann. Möchte sie gern mal wieder sprechen und wissen, wie es Vati geht.

05.04.1945   Panzerspitzen bei Oberdorla.

06.04.1945   Mühlhausen vom Feind gesäubert.

08.04.1945   Schatz der Reichsbank wird bei Mühlhausen in Thüringen gefunden. Abfahrt vom Stammlager in Posen. Sieben Tage lang. Ziel unbekannt.

---

[11] Eine von mehreren Forts der Festung Posen (Poznań; Stadt in der heutigen Republik Polen)

[12] dto.

[13] Zentrale Befestigung der Festung Posen; auch „Zitadelle" genannt

16.04.1945 Stammlager bei Leningrad erreicht. Erste Tage Verpflegung gut. Dann etwas schlechter.

01.05.1945 Erste-Mai-Feier. Sieg Russlands ist gewiss. Hoch auf Stalin und die Rote Armee. Flagge auf Reichstagsgebäude in Berlin.

02.05.1945 Doch, Hitler ist gestorben. Alles hofft auf baldiges Kriegsende.

03.05.1945 Berlin ist gefallen. Die zurückgebliebene Kampfgruppe kapituliert.

08.05.1945 Deutschland hat kapituliert.

09.05.1945 Feier zur Kapitulation Deutschlands. Rednerpult mit Sowjetstern und Bild von Stalin. Ansprache des Majors. Dann Übersetzung der Kapitulationsurkunde. durch eine Frau. Dann Ansprache eines Antifaschisten: wir werden mit den Männern und Frauen in der Fabrik als gute Arbeitskameraden zusammenarbeiten. Dann sang der ungarische Chor ein paar ungarische Volkslieder. Dann musste der deutsche Chor singen. Wir sangen das Lied „In der Heimat angekommen, fing ein neues Leben an. Eine Frau wird sich genommen, Kinder bringt der Weihnachtsmann". Ein Glück, dass niemand da war, der das verstehen konnte. Sonst hätten wir uns jämmerlich blamiert. Anschließend Vorbeimarsch vor dem

Kapitän im Achtungsschritt mit Karacho. Spruch: Es gibt nur ein Glück: die Pflicht – Nur einen Trost: die Arbeit – Nur einen Genuss: das Schöne.

16.05.1945 Untersuchung zur Verschickung in ein anderes Lager als Arbeitsgruppe II.[14] Verpflegung bei dieser Arbeit: morgens zweimal 300 g Brot und 10 g Zucker, dazu ¾ Liter Hafersuppe mit Mehl, mittags ¾ Liter Suppe und ¾ Liter Kascha[15]. Abends 200 g Brot, ¾ Liter Suppe und 10 g Zucker.

16.05.1945 Versetzung zum Lager Antropshino[16] zum Torflager. Torf ziehen. Essen sehr schlecht. Wir hungern hier täglich. Ich habe mir schon oft die Frage gestellt, ob ich das hier aushalte. Hoffentlich sind wir bis zum Winter in der Heimat, denn ich weiß nicht, ob ich den Winter hier überstehen werde.

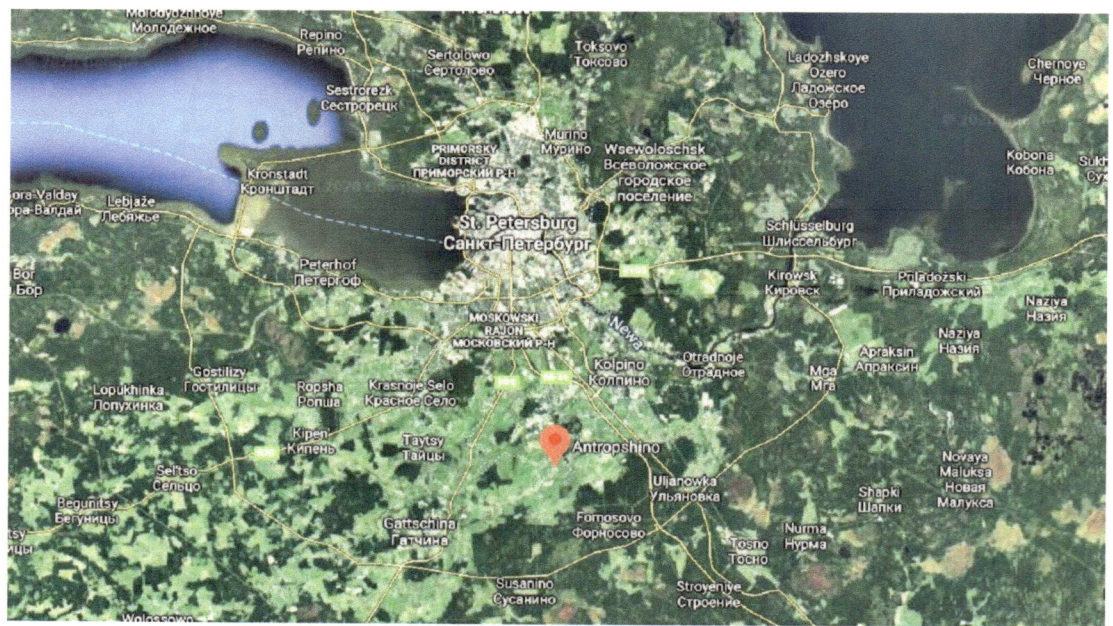

23.05.1945 Sehr kaltes Wetter. Es schneit und ist eiskalt. Es wird nicht gearbeitet. Das Essen ist zurzeit: morgens ½ Liter Wassersuppe, etwa drei Löffel Graupen drin. Dazu morgens 200 g Brot mit 10 g Zucker, mittags und abends: 200 g Brot, mittags noch Kascha.

---

[14] Viertel- bis halbjährliche Reihenuntersuchung durch Militärärzte und anschließender Einordnung der Gefangenen in Arbeitsgruppen I bis II (uneingeschränkt arbeitsfähig) und III bis IV (eingeschränkt oder nicht arbeitsfähig).
[15] Kascha (russisch) = Buchweizengrütze oder -brei
[16] Ortschaft südlich von Leningrad. Lager 7712 mit ca. 2000 Gefangenen

Ich denke oft an meine Eltern und hoffe auf eine baldige Rückkehr in die Heimat. Diese Hoffnung ist das Einzige, was die meisten hier noch aufrechterhält.

30.05.1945 Impfung angeblich gegen Cholera in den Rücken. Auf der Arbeit nerven laufend die Leute, weil alles zur Arbeit heraus muss.
Hoffentlich überstehe ich diese Gefangenschaft.
Essen: ⅛ Liter Kascha und 200 g Brot. ½ Liter Suppe, ⅛ Liter Kascha, 10 g Fleisch, 200 g Brot.

03.06.1945 Impfung gegen Sumpffieber. Mittags entzieht uns der Oberleutnant das Mittagessen, weil wir angeblich zu schlecht gearbeitet haben. Große Meuterei. Nachmittags Strafarbeit. Die Knie laufend rot. Hoffentlich komme ich durch. Die Norm ist 25° (?). Sie wurde in den ersten Tagen von einigen erfüllt, nur um 100 g Brot wegen. Diese Totengräber haben manchen Kameraden auf dem Gewissen.

10.06.1945 Alles hofft auf Entlassung zum 15. Juni. Die Nachtwache ist …
Ab gestern sind hier mehrere Gerüchte als widerrufen anzusehen. Ob das ein Trick ist, um die Arbeitsleistungen zu erhalten?
Am vorigen Sonntag war ich zum ersten Gottesdienst. Ich war so gerührt, dass ich weinen musste. Einmal danach noch zur Bibelstunde.

14.06.1945 Träume sind Schäume. Alle Parolen sind zusammengebrochen. Das Essen ist mäßig gut. Wir haben heute nicht gearbeitet, weil es wolkenbruchartig regnete. Dafür soll am Sonntag gearbeitet werden. Heute Abend soll ein katholischer Geistlicher sprechen.

19.06.1945 Abends Appell. Ich werde wegen schlechter Leistungen in den Strafzug eingeliefert. Die Verpflegung ist 400 g Brot und mittags eine Kascha weniger. Ich wurde am 22.06. wieder entlassen wegen guter Leistungen auf Vorschlag des Zugführers. Hier lernte ich zum ersten Mal in meinem Leben kaum Arbeit kennen. Ich dachte oft daran, wie Tante Alwine früher sagte, dass man bei einer Arbeit nicht mal ausruhen kann. Ich bin gegen diese Normarbeit, denn es ist so, dass gar nicht jeder schlafen kann.

09.07.1945 Totale Sonnenfinsternis gut zu beobachten, erst bei Wolken und dann bei klarem Himmel. Die Sonne schien wie immer, aber dann nachts war es dunkel, als ob irgendein Vorhang vorgezogen worden war.

22.07.1945 Ich muss wegen zu geringer Arbeitsleistung am Morgen mit in den Torf zum Arbeiten, und zwar mit dem Strafzug.

Ich fühle mich immer, wenn ich mit dem Strafzug in Berührung komme, wie ein Verbrecher. Unter den Leuten des Strafzuges ist viel Verzweiflung, weil sie keine Kräfte mehr haben.

Wir haben täglich über 50 % geschafft, es ist uns aber von der Brigadierin nicht angeschrieben worden, weil die Norm sonst stehen bleiben würde auf 50 %, nach der Meinung der Torfgesellschaft. Ich hoffe, dass ich morgen zum Häuserbau komme, weil ich dort leichter auf 100 % kommen kann.

22.07.1945 Registrierung. Name, Wohnort Mühlhausen, Eltern, Schulen, Beruf, Haus wahrscheinlich ausgebombt, wieviel Zimmer. Ich bekomme die Nummer 2265. Meine Arbeitsnummer ist 67.

23.07.1945 Morgens wird meine Nummer wieder aufgerufen. Ich muss wieder in den Strafzug. Ich war ganz überrascht, denn ich hatte am Tage vorher 100 % und sonst 80 %. Aber es wurde gerade ein Stichtag genommen, an dem im Torf wenig gearbeitet wurde. Und da hatten wir an einem Tag wohl unter 50 % und ein paar Mal hatte die Brigadierin uns 50 % nicht angeschrieben, weil im Lager niemand

100 % schaffen wollte und deshalb war ich wieder im Strafzug. Ich hatte es so-sehr vorgehabt, und hatte deshalb beim Häuserbau-Kommando immer versucht, meine Prozente zu machen. Voraussetzung war, dass man 3mal hintereinander die Norm von 3000 Steine stapeln am Tag erfüllt. Das war für mich anfänglich wohl unmöglich und auch die anderen hielten es für unmöglich. Am anderen Tag wurde zu allem Schreck noch der neue 200 %-Rekord von 5000 Steinen aufge-stellt. Dadurch erhöhte sich die allgemeine Norm auf 3000 Steine und die Prämie auf 4000 Steine. Plötzlich wurde eine sehr günstige Chance geboten.

Es hieß, wer 4000 Steine schafft, wird aus dem Strafzug entlassen. Ich sah sofort, dass das wohl eine einmalige Sache war und ich nahm meine ganze Kraft zusam-men. Erreichte bis Mittag 1700 Steine. Bei 2300 war unser Stapel zu Ende. Die fingen einen neuen an und standen zwei Stunden vor Schluss bei 2700 Steinen. Wir baten jetzt unseren Zugführer, uns doch zu helfen, 4000 Steine zu schaffen. Der zog sich auch sofort das Hemd aus und griff mit zu. Und wirklich mit seiner Hilfe standen abends 4000 Steine und ich hatte die Norm geschafft und wurde am anderen Morgen aus dem Strafzug entlassen. Am anderen Tag wurde diese Art schon wieder aufgehoben, weil der Torf…? um 5000 Steine betrogen wurde. Ich habe Glück gehabt.[17]

26.07.1945 Untersuchung. Ich bin ersichtlich solange ich in Gefangenschaft bin, Arbeits-gruppe III. Dies am selben Tag, wo ich 4000 Steine heraushauen wollte, war die Untersuchung in der Mittagspause.

01.08.1945 Ich muss wieder in die Arbeitsgruppe III. Die Brigadierinnen schrieben uns ein-fach unsere Prozente nicht an. Wir haben täglich unter 50 % erreicht. Arbeits-gruppe III rettet mich augenblicklich vor dem Strafzug. Hoffentlich komme ich bald vom verfluchten Moor weg.

08.08.1945 Ich komme beinahe in der … Nachdem das geschehen war, war große Aufregung und der Torfdirektor (?) schickte uns wieder hin, weil bis um 9 Uhr gearbeitet werden muss. Ich werde niemals mehr meinen …

12.08.1945 *unleserlich*

16.08.1945 Der letzte Torfeinsatz. Die Zahl 8 (?) ist meine Glückszahl in der Gefangenschaft. In Antropshino hat der Arzt mich nicht als OK[18] anerkannt. Wieder

---

[17] Anmerkung: vermutlich wurde der Torf zu „Steinen" gepresst, mit denen man Gebäude bauen kann.

[18] OK - Abkürzung für Osdorowitelnaja Komanda (Genesungs-/Genesenden-Kommando); Abteilung für bedingt Ar-beitsfähige, Schwache und minder kranke Kriegsgefangene.

Arbeitsgruppe III. Die OK nun neu angeordnet und ich muss wohl heute das Lager verlassen. Ich bin wie vor den Kopf geschlagen und meine Stimmung ist mal wieder unglücklich. Ich betrachte meine Eingliederung in die Gruppe als eine persönliche Strafe und weiß genau wie Tante Isa, die damals nicht wusste, womit ich das verdient habe.

31.08.1945   Untersuchung in Antropshina. Ich bin in Arbeitsgruppe III geblieben. Die meisten sind in der III und II eingeschrieben worden. Man spricht vom Abtransport der Gruppe III am 05.09.1945.

18.09.1945   Nach Leningrad zum Holz abladen. Die Stadt hat mir auf den ersten Anblick gefallen, weil ich das Großstadtleben gewohnt bin, obwohl sie mit einer Stadt wie Berlin nicht konkurrieren kann. Ich arbeite jetzt als Ofensetzer.

08.10.1945   Ich bin schon so stumpfsinnig hier geworden, dass mir fast alles egal ist. Ich habe an nichts mehr Interesse und offene Stellen am Körper, die nicht heilen können, weil mir das Fett fehlt. Mein Vater hilf mir und bring mich bald nach Hause, bevor ich ganz untergehe.

26.10.1945   Geburtstag von Kurt. Ich hatte fest daran geglaubt zu diesem Zeitpunkt ihm in der Heimat die Hand reichen zu können.
Ich bin jetzt bei den Wasserfahrern (?) Ich bekomme hier doppelte Ration, muss allerdings auch stark arbeiten.

04.12.1945   Vatis Geburtstag. Ich möchte ihm gern gratulieren. Hoffentlich lebt er noch. Ich habe in Gedanken für ihn gearbeitet. Ich hoffe, dass er OK ist, wenn ich bald nach Hause komme.

05.12.1945   Tag der Roten. Roter Tag.[19] Es wird nicht gearbeitet, außer im Speisesaal. Nachmittags auf den Stuben war das Schlafen verboten. Ein trauriger Zustand. Bis zum 7. November, dem Tag der Oktoberrevolution, war ich als Wasserfahrer tätig. Ich habe das dann aufgegeben, weil ich plötzlich Herzschmerzen bekam. Bin auch froh, dass ich es gemacht habe, denn in einer Fabrik habe ich es ganz bestimmt besser.

25.12.1945   Weihnachten 1945. Das traurigste, dass ich bisher in meinem Leben erlebt habe. Ich habe gearbeitet wie immer und das war mein einziger Trost; denn man hätte sonst immer an zuhause denken müssen. Ich hoffe, bald zuhause zu sein.

---

[19] Anmerkung: Am 5.12.1936 nahm der Sowjetkongreß die 2. Sowjetische Verfassung an ("Stalin-Verfassung").

31.12.1945 Nachtschicht in der Fabrik. Vorher in Leningrad zur Bummeltour. Meine erste Arbeit im neuen Jahr war, kurz nach 12 Uhr einen Eimer mit … wegzutragen. Dieses Jahr war noch trauriger als das vorangegangene.

01.01.1946 Ein neues Jahr hat seinen Anfang genommen. In Gedanken war ich nur bei meinen Eltern. Ich habe nur die eine Hoffnung, alle gesund wiederzusehen.

06.01.1946 Russische Weihnachten. Es wird gearbeitet, und zwar habe ich wieder Tag- und Nachtschicht. Nachts Schamottesteine zerhauen und dann durch die Kollermaschine schicken.

Kollermaschine

Es verging auch dieser Tag im Grauen der Gefangenschaft.

Bei der letzten Untersuchung wurde ich … obwohl es in der letzten Zeit keine Kascha und überhaupt kein Fett gibt (jetzt schon 10 Wochen). Bin in die Arbeitsgruppe II empor gestiegen. Ich fühle mich auch körperlich nicht schlecht.

In der Fabrik habe ich gute Arbeit meistens im Warmen oder im Kesselhaus. Unser Brigadier hat keine Wut auf mich. Aber wenn ich ihm mal einen Strich durch seine Rechnung machen kann, so werde ich es auch tun.

Opas Geburtstag. Es ist ja hier so traurig, dass ich mich mal richtig ausweinen möchte. Aber das geht ja hier nicht. Immer schon habe ich mich im Arbeitsdienst auf den Tag des Urlaubs gefreut, um mal wieder mit ihm sein zu können. Und jetzt ist man so lange in Gefangenschaft und vor allen Dingen ist kein Ende zu sehen.

16.01.1946 Wir bekommen Rot-Kreuz-Karten. Ich habe sofort am ersten Tage geschrieben. Hoffentlich bekommt meine Mutti die Karte, denn ich weiß ganz bestimmt, dass sie sich ungeheuer um mich sorgen wird.

20.01.1946 Ich gehe als selbständiger Ofensetzer mit einem Handlanger und habe meinen ersten Herd gebaut. Aber auch diese Arbeit ist nicht befriedigend für mich.

Am 27. bin ich mal wieder in einer solchen schlechten Stimmung, dass ich sofort ausrasten könnte. Hoffentlich kommt bald der Tag unserer Entlassung.

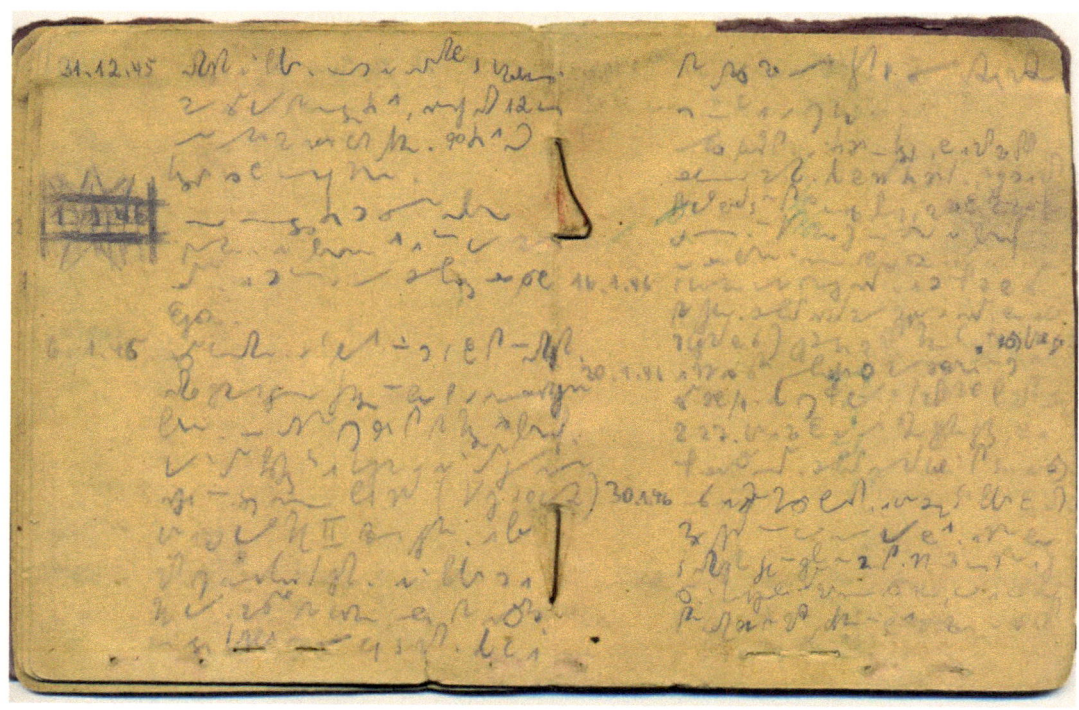

Ausschnitt aus dem Tagebuch 1

30.01.1946 War in Deutschland großer Feiertag.[20] Ich bin heute von der Fabrik wieder nach Hause geschickt worden, weil keine Arbeit da war. Ich ging dann auf Nacht-schicht-Stube und schlief den ganzen Tag. Gegen 3 Uhr gehe ich zum Essen. Der Brotschneider wollte mir kein Essen geben, weil ich vor einigen Tagen versucht hatte, ihn nach Mittagessen zu fragen und das war mir misslungen.
Als er mich fragte, wo ich herkomme, sagte ich als Ausrede, ich komme gerade von der Nachtschicht. Das glaubte er mir nicht und fragte mich, wo ich denn ge-arbeitet habe. Ich sagte, als Schlosser im Kesselhaus. Bei dieser Notlüge blieb ich. Jetzt fragte er mich nach meinem Brigadier und da war ich aufgeschmissen. Er schickte mich dann zum Rechnungsführer? Und dem sagte ich die Wahrheit und der schrieb mir auch gleich einen Zettel, auf dem stand, Käthner bekommt noch Mittagessen. Ich komme mir in meinem augenblicklichen Zustand wie der

---

[20] Tag der nationalen Erhebung – Machtergreifung A. Hitlers am 30.01.1933.

20

größte Verbrecher vor; denn es widerstrebt mir richtig, dieses Leben zu führen. Es fällt mir manchmal schwer, meinen Leitspruch, der für meinen Körper nur das Beste will, durchzuführen. Mir wurde richtig schwummrig zu Mute und ich hätte am liebsten Selbstmord begangen, wenn mich nicht der Gedanke an meine Mutti und an meinen Vati aufrechterhalten würde.

08.02.1946 Mein Geburtstag in Antropshino bei Leningrad. Ich habe ihn hier in der Gefangenschaft ganz gut verbracht. Ich bin seit gestern hier in der Schneiderei tätig. Mir kam plötzlich der Gedanke, zum Zugführer zu gehen und ihm zu sagen, dass ich jetzt OK bin und keine Beschäftigung habe. Ich bat ihn um die Genehmigung, in der Lagerschneiderei mithelfen zu können. Ich bekam die Genehmigung und half jetzt mit in der Schneiderei. Ich verzichte dabei allerdings auf Normbrot, denn als OK habe ich keins zu beanspruchen. Ich habe jetzt morgens und mittags 300 g Brot und abends 70 g. Aber mit dieser Menge und meiner jetzigen Arbeit kommt mein Körper bedeutend besser weg. Ich lebe jetzt in einer mit dem Grundsatz … Gültigkeit, dass mal …
Übrigens war heute der kälteste Tag. Es waren teilweise -42°C.
In Gedanken feiere ich meinen Geburtstag mit meinen Lieben zuhause. Abends bekam ich ein Stück Hundekuchen (?) geschenkt und dann ging es zur Sauna bis um 11.30 Uhr.

16.02.1946 Ein Jahr Gefangenschaft. Hätte ich erahnt, dass ich heute noch hier sitze, hätte unter allen Umständen versucht, mich von Posen aus durchzuschlagen.
Ein Jahr Hunger, ein Jahr ohne Fett. Eine ungeheure Belastung und Prüfung für den Körper. Ich bin in dieser Zeit nicht krank. Hoffentlich können wir dieses verfluchte Land bald verlassen.

23.02.1946 Untersuchung und bunter Nachmittag. Nachts wurden wieder 50 Mann herausgetrieben, Holz und Kohle abladen. Es ist eine Schande, wie man hier mit Menschen umgeht. Ich habe zwar bis jetzt Glück gehabt, da die Handwerker nicht zu diesen nächtlichen Arbeiten herangezogen wurden.
Ich habe jetzt in den sechs Monaten, die ich wieder in diesem Lager bin, noch keine schwere Arbeit gemacht. Ich bin meiner Parole treu.

17.03.1946 Rot-Kreuz-Karte an Onkel in Mühlhausen. Nach Parolen im Lager dürfte eigentlich keine Karte mehr ausgegeben werden. Aber heute haben wir die Karten bekommen und ich habe zwei geschrieben.

19.03.1946 Ich bin seit dem 12. März sterbenskrank, und zwar habe ich ein Furunkel-Geschwür im Ohr. Anfangs war das nicht genau festzustellen, man nahm an, dass es sich um verhärtetes Ohrenschmalz handelte. In der Ambulanz wurde das Ohr gereinigt und dann fing es an zu bluten. Am anderen Tag stellte sich heraus, dass es sich um ein Furunkel handelt. Das Ohr schwoll an und ich konnte fast nicht kauen. Nach drei Tagen fing das Ohr an zu eitern, die Schmerzen ließen etwas nach und die Schwellung ebenfalls.

Vorläufig bin ich noch krank und arbeite nicht.

Am 31.03.1946 ist alles wieder gesund. Ich danke Gott, dass es so gut abgegangen ist.

23.03.1946 Untersuchung. Ich bin Arbeitsgruppe II geworden. Am 26.12.1945 war ich auch schon Arbeitsgruppe II und kam in die Schneiderei.

Dann am 23.02.1946 wurde ich Arbeitsgruppe III.

Heute am 23.03.1946 wurde ich wieder zu Arbeitsgruppe II gemacht. Die Untersuchungen sind reine Viehmärkte.

28.03.1946 Muttis Geburtstag. Ich habe an diesem Tag öfter an meine Mutti gedacht. Leider konnte auch ich diesen Tag nicht zuhause verbringen.

12.04.1946 Die Verpflegung ist augenblicklich sehr gut. Die Suppen sind morgens, mittags und abends wie Kascha. Ich bin gespannt, ob diese Verpflegung lange anhält. Gestern ist ein Brief angekommen aus Brandenburg. Er ist datiert vom 21. März 1946. Es steht darin, dass bis dahin noch keine Post aus der Sowjetunion in Berlin eingetroffen ist.

16.04.1946 Die erste Post aus Deutschland ist eingetroffen. Alles hat sich gefreut und jeder hofft, auch bald Post zu bekommen.

18.04.1946 Impfung in den Rücken. Wogegen ist mir nicht genau bekannt. Die Impfung hat mich ziemlich mitgenommen. Erst nach zwei Tagen waren die Beschwerden wieder weg.

Filzung. Abends hieß es, alles antreten. Dann musste alles, was an doppelter Wäsche angezogen war, abgegeben werden. Meinen Pullover hatte ich voraussichtlich vorher ausgezogen, sonst wäre ich den auch noch losgeworden.

Die Filzübung war so prima, dass am anderen Tag festgestellt wurde, dass die Russen weniger festgestellt hatten, als erwartet und das Lager verantwortlich war. Als man das festgestellte, gab man schleunigst die Schlüssel der Kammer wieder heraus.

21.04.1946 Ostern. Wir wollten das Osterfest schön verbringen und nicht arbeiten. Aber der Russe macht uns einen Strich durch unsere Rechnung. Morgens nach dem

Antreten mussten wir etwa bis 10.00 Uhr herummarschieren, anschließend war Filzung. Alle mussten dann zur ersten losen Kontrolle durch drei russische Weiber. Anschließend Körper-Visite. Nachmittags war Arbeitsgruppen-Untersuchung. Untersuchungsergebnis: Arbeitsgruppe II.

01.05.1946   1. Mai. Morgens frei. Mittags essen, dann Freizeit bis 5 Uhr. Dann antreten zum … Prima Veranstaltung.

Verpflegung ist augenblicklich gut. Heute zum Beispiel: morgens ¾ Liter dünne Hafersuppe mit etwas Fleisch, 300 g Brot und 17 g Zucker. Suppe aus 80 g Hafer und 11 g Speck. Mittags Kleie-Suppe mit etwas Fleisch und Graupen-Kascha, 200 g Brot, 80 g Graupen, 15 g Zucker. 5 Uhr Zusatzbrot (glaube Kaschabrot) 300 g mit 4 g Zucker. Abends Suppe mit Hafer und Kleie und Fleisch und Speck und 170 g Brot.

02.05.1946   Die Ungarn verlassen unser Lager und rechnen damit, dass sie bald zuhause sein werden.

Unsere Mai-Feier: Oberstleutnant hält eine Rede, in der er sagte, dass die Arbeit, die bisher geleistet worden sei, gut ist, dass sie aber noch gesteigert werden muss. (…) denn dass das russische Volk ein Sieger ist.

Das russische Volk will nicht den Krieg, das russische Volk sind Helden und das russische Volk wird an der Seite Deutschlands gemeinsam jeden Feind des Friedens schlagen.

Bemerkung: Die Feier war ein lächerliches Beispiel unseres Dolmetschers Waldemar, der wohl russisch, aber nicht Deutsch kann. Dann erzählte der Lagerkapitän in seiner Rede, dass 16.000 Rubel für die Gefangenen eingetroffen wären und die sollten als Prämie ausgegeben werden. Der Oberstleutnant sagte jedoch dem Dolmetscher, dass sollte nicht übersetzt werden; denn die Rubel wären überhaupt noch nicht eingetroffen. Die sollten erst kommen. Alles fand diesen Teil recht … Am Schluss mussten wir alle aufstehen und dann brachte er Hurrarufe auf Stalin aus. Er warf die Arme hoch und brüllte als Erster Hurra. Er wirkte wie einer, der in Ohnmacht fällt. Das hätte man einem russischen Kriegsgefangenen wahrscheinlich in Deutschland doch nicht zugemutet, Hurrarufe auf Hitler auszubringen. Während der Vorstellung störte furchtbar, dass nicht immer zu Ende geht und Türen bummsten. Es ist lächerlich, dass man das nicht unterbinden konnte. Vorher wurde noch eine Rede über die Bedeutung des 1. Mai in deutscher und ungarischer Sprache verlesen. Den meisten hat dieser Teil direkt angekotzt, aber man muss eben damit vorliebnehmen.

Tagebuch 2
Mai 1946 bis April 1947

03.05.1946 Impfung in den Rücken und in den Arm. Spritze hat mich ziemlich mitgenommen.
Gestern hat Kurt von seiner Mutti Post bekommen.

11.05.1946 Ich habe in dieser Nacht einen schrecklichen Traum gehabt. Und zwar habe ich eine Karte von Bekannten bekommen in Kurzschrift geschrieben und auf der stand, dass meine Eltern vermisst sind in …

15.05.1946 Erster Einsatz mit dem Spaten mit Starschina[21] Progall.
Es kursieren zurzeit nur positive Parolen …
Körperlich habe ich mich wieder gut in der Schneiderei erholt.

20.05.1946 Starke Ohrenschmerzen, nach einem Tag wieder weg.
Ich habe in der letzten Woche eine sehr gute Verpflegung gehabt, täglich zwischen 820 und 970 g Brot, dicke Suppe und…
Ich bekam zum Mittag 1½ Liter dicke Suppe mit Kapusta[22], 970 g Brot, wollen mich scheinbar mal wieder mästen.

22.05.1946 Einsatz in der Fabrik … hat mich ziemlich angestrengt. 5 Uhr aufstehen, bis 8 Uhr gearbeitet. versprochen wurden 25 … und 400g Kartoffeln. Bekommen habe ich nichts.

23.05.1946 Abends von 10 bis um 2 Uhr Kartoffeln im Bahnhof … für Kolchose verladen. Nichts bekommen.

25.05.1946 Die Handwerker dürfen sich ab sofort die Haare stehen lassen. Ich habe mich sehr darüber gefreut.

28.05.1946 Träume sind doch schön. Der langersehnte Augenblick ist gekommen. Ich habe Post von meinen Eltern bekommen. Mutti schreibt mir, dass noch alles in Mühlhausen und auch in unserer Familie vorhanden ist und der Krieg hat uns alle mit Schaden verschont. Ich bin glücklich. Viele meiner Arbeitskameraden haben mich um diese gute Nachricht beneidet.
Arbeitsgruppen-Untersuchung: bin das erste Mal seit Posen wieder Arbeitsgruppe 1. Ich habe mich in der Schneiderei von Februar bis Mai sehr gut erholt. Hoffentlich kann ich hier bis zur Entlassung, auf die ich doch in diesem Jahr rechne, verbringen. Ich werde jetzt auch zu Arbeiten vom Lagerführer herangezogen. Gestern zum Beispiel musste ich zwei Waggon Mehl mit 670 Sack zu

---

[21] Starschina = Stabsfeldwebel
[22] Kohl (Rot-, Weißkohl u. ä.)

70 kg ausladen. Das merkt man natürlich in den Knochen. Aber das Essen ist augenblicklich gut und wir bekamen zusätzlich Brot und Mehl.

12.06.1946 Großeinsatz im Lager. Morgens 3.50 Uhr wecken zum Kapusta pflanzen bis 7.00 Uhr anschließend Zählung. 8-5 Uhr arbeiten.
9-11 Uhr Sauna. 5-8 Überstunden wegen Sauna.

12-14.30 Uhr Kapusta pflanzen.

3-4 Uhr Wache. 5 Uhr wecken. 6-9 Uhr Sachen fertig machen für ein Kommando. Dann essen und wieder arbeiten. So geht es uns schon seit einiger Zeit mit unserem viel bewunderten 8-Stunden-Tag.

21.06.1946 Ich habe Post bekommen, und zwar ganze zwei Karten auf einmal. Es ist eine von Mutti vom 18.05. und die andere von Tante … vom 11.05.
Ich bin glücklich, dass ich in Postverbindung mit meinen Eltern stehe.
Ich habe meine Karte am 16.06.1946 von hier abgeschickt und werde in einigen Tagen noch eine Karte abschicken.
Ich soll ins Lazarett wegen Krätze. Komme abends hin, kein Strohsack, schlafen auf blanken Brettern und nur 600 g Brot. Ich habe mich nur einschmieren lassen und schlafe wieder auf unserer Stube; denn arbeiten muss ich, auch wenn ich im Lazarett liege.
Ich habe mich über Heinz (Esser?) erkundigt. Ihm geht es sehr schlecht. Er ist seit Tagen besinnungslos. Er hat mit Tuberkulose zu kämpfen und hat ein Magenleiden. Hoffentlich kommt er durch.

22.06.1946 Ich habe meine 3. und 4. Karte abgeschickt.
Arbeitsmäßig werde ich jetzt mal wieder ausgebeutet bis dort hinaus. Ich gehe jetzt nur noch radikal nach meiner Parole, die ich mir zu Beginn des neuen Jahres setzte.

08.07.1946 Mein körperlicher Zustand lässt zu wünschen übrig.
Mich hat ein Floh ins Bein gebissen. Es entwickelt sich eine Wunde und der Fuß fing an anzuschwellen. Am zweiten Tag war der Fuß voller Wasser. Ich konnte fast nicht gehen. Zwei Tage krank, dann hatte sich alles wieder einigermaßen behoben. Medizin ist irgendein Schnaps. Am ersten (nächsten?) Tag legte ich mich in die Sonne und schlief ein. Dann wachte ich gegen Mittag auf und ging zum Essen. Beim Schalter wurde mir schlecht und ich konnte mich nicht mehr halten. Kurt und noch ein Arbeitskamerad brachten mich nach oben, wo ich den ganzen Tag lag und nichts gegessen hatte. Am anderen Morgen war alles vorbei.

Weiter habe ich zur Zeit noch ein Übel zu bemerken. Mich haben Wanzen in meinen Schwanz gebissen, und zwar 8 Bisse. Sie jucken sehr und fingen jetzt sogar an zu eitern.

15.07.1946 Das Lager muss plötzlich antreten. Keiner weiß warum. Plötzlich Musik und ein Vorbeimarsch. Dann hatten wir es heraus. Dem Lager war ein … geschenkt worden.
Untersuchung für OK und Invaliden. Am 20. soll es laut Parole weggehen. Kurt ist wahrscheinlich auch dabei. Ich habe heute meinen moralischen Tag. Fuß wieder schlechter. Ziemlich krank.

28.07.1946 Herbert Müller wurde in die … gesteckt. Vorläufig ist noch nicht bekannt, ob es politischer Natur ist oder ob es mit dem Magazin zu tun hat. Arbeitsgruppe I. Seit 3 Wochen habe ich stark unter Avitaminose zu leiden. Ausschlag auf heiler Haut und starker Ausschlag am Bein. Offene Stellen

13.08.1946 Die Arbeitsgruppe I verlässt das Lager mit Kurs Deutschland. Von der Schneiderei ist Hans Reiche mitgefahren.
Gesundheitlich wird mein Zustand von Tag zu Tag schlechter. Die offenen Stellen werden immer mehr, es bilden sich Eiterstellen und nachts kann man sich nicht mehr beherrschen vor dem ungeheuer starken Juckreiz.

15.08.1946 Ich habe gegen meine Krankheit schon alles Mögliche versucht und nichts hat bisher geholfen. Es ist einfach Vitaminmangel.

23.08.1946 Arbeitsgruppen-Untersuchung. Ich wurde von Arbeitsgruppe I auf OK geschrieben wegen Avitaminose.
Mein Fuß war am Tage der Untersuchung gerade sehr schlecht und das war natürlich günstig. Obwohl es mir natürlich nur auf die OK Verpflegung ankam.

05.09.1946 Ich kam wegen hohem Fieber ins Lazarett (39,3). Morgens 38,2, abends 36,9, morgens 37,3.
Um 5 Uhr waschen, gegen 7 Uhr Medizinausgabe, 8 Uhr essen bestehend aus Kascha und Weißbrot, dann Untersuchungen von der Russen-Ärztin und vom deutschen Stabsarzt. Ich nahm an, dass es sich nur um eine einfache Grippe handelt.

15.09.1946 Mein von Locken begrenztes Haar hat der wieder glatt geschoren.
Vier Monate hat die ganze Herrlichkeit gedauert. Ich konnte mir gerade einen Scheitel ziehen ohne große Mühe.

19.09.1946	Mein Lazarettbesuch macht sich noch teurer. Meine prima Hose wurde mir im Lazarett beschlagnahmt. Avitaminose fast wieder weg.
05.10.1946	Am 5. September kam ich vom Lager Antropshino nach Leningrad ins Hospital. Ich kam auf die erste Station, und zwar war das die TBC-Station. Meine Fieberkurve im Lager Antropshino war folgendermaßen: morgens sechs, nach dem Aufstehen fünf, abends sieben; Durchschnitt fünf. An TBC glaube ich nicht … Ich glaube, es ist bei der Durchleuchtung auch nichts festgestellt worden, ob es TBC sein könnte, etwa Vererbung. Denn Tante Isao hat ja auch TBC gehabt.
... 10.1946	Ich wiege 66 kg. Größe 173 cm. Bin mit meinem Gewicht zufrieden. Habe ziemlich gut getippt, als ich meinen Eltern geschrieben, dass ich 65 kg wiege.
… 10.1946	Wir sehen hier am Dienstag, Donnerstag und Sonnabend einen ... Film. Meistens waren die russischen gegenüber deutschen Filmen sehr schlecht. Aber uns Gefangenen kann man ja alles vorsetzen und für uns ist es ja nur eine Abwechslung.
15.10.1946	Alle meine … in Propaganda. Wie kam das? Man wird es kaum glauben, aber es ist wirklich so: durch einen Film. Es handelt sich hier um einen amerikanischen Film „Wiener Blut". Als ich diesen Film, der Wien darstellt, sah, da bin ich mal wieder zu mir gekommen und habe mal wiedergesehen, wie wir hier leben müssen und was wir hier entbehren. Gestern habe ich noch einen Neuen bekommen und der erzählte mir fast genau das Schicksal, wie ich es im Torflager mitgemacht habe. Stockschläge bis zur Bewusstlosigkeit und 400 g Brot sechzehn Monate nach Kriegsende im sozialistischsten Land der Welt. Und immer noch ist keine Aussicht auf eine Entlassung aus dieser Sklaverei zu sehen. Was schreibt nun der Begründer des Sozialismus, Lenin, über die Dauer der Kriegsgefangenschaft in einem sozialistischen Staat? Lenin: Ein sozialistischer Staat darf seine Kriegsgefangenen höchstens sechs Monate nach Kriegsschluss behalten. Alles, was darüber hinaus geht, ist moderne Sklaverei.
07.11.1946	Wir bekamen wieder eine Karte zum Schreiben. Es ist meine siebente. Ich habe etwa 120 Worte geschrieben. Der Tag der Oktoberrevolution wurde hier nicht besonders gefeiert. Es gab wohl etwas besseres Essen, aber das wurde ja doch schon vorher doppelt eingespart.

16.11.1946 Krankheitsmäßig bin ich vollkommen wieder ausgeheilt. Nur ein Scheiß Drüsenabszess belästigt mich jetzt.

17.11.1946 Ich wiege 68 kg. Ich werde alles versuchen, um dieses Gewicht zu halten. Parole! Ich habe hier wieder einen … kennen gelernt. Von dort wo ich meine Zeit verlebt habe. Wir haben viel über Betriebsprüfung gesprochen und dabei verging natürlich Zeit. Wir kamen auch auf Frauen zu sprechen. Ich musste hierbei feststellen, dass er genau dieselben Ansichten über eine Ehe hat wie … Kirchheim …
Als ich abends mal über dieses nachgedacht habe, musste ich zu meinem großen Erstaunen feststellen, dass ich jetzt fast 100 % dieser Ansicht bin. Es muss doch die Beeinflussung sein. Früher dachte ich darüber anders. Trotzdem halte ich diese Auffassung für besser und richtiger. Man muss in der Ehe sich mindestens das leisten können, wie vor der Ehe. Die Frau muss mindestens eine vollständige Aussteuer mitbringen.

22.11.1946 Ich bin aus dem Lazarett entlassen und komme nach Lager … und das wieder ein Straflager ist.

07.11.1946 *sehr schlecht bzw nicht lesbar – handelt von Schneiderei etc.*

16.11.1946 *auf dieser Seite 17 Zeilen Kurzschrift fast nicht lesbar – verwischte, verblichene Seiten*

16.11.1946 Fünfte Karte erhalten und 6. Karte am 21.9.46 abgeschickt.
Ich habe dauernd Temperatur. Morgen gegen 36,8, abends bis 37,5.
Untersucht worden bin ich vom Stabsarzt Herrn Sachs auf Herz.

22.11.1946 Ich habe Bescheid bekommen, dass wir wahrscheinlich morgen aus dem Lazarett entlassen werden. Ich habe in der Nacht Zahnschmerzen und habe mich daher entschlossen, mir einen Backenzahn ziehen zu lassen. Ohne Betäubung zwei Stück gezogen. Zwei Stunden später schon keine Schmerzen mehr. Zwei Zähne plombiert. Gute Arbeit.

04.12.1946 Vatis Geburtstag. Ich habe auf einer Karte gratuliert. Ich denke absichtlich nicht daran, was das für ein schöner Tag war, um meine Armseligkeit meiner Lage zu vergessen.

05.12.1946 Tag der Sowjetischen Verfassung. Heute vor 29 Jahren[23] wurde die Verfassung der Sowjetunion unterschrieben, in der es heißt, dass der sowjetische Staat der sozialistische Staat der Erde sein wird. Was brachte uns der 29. Jahrestag des sozialistischsten Staates der Welt? Meine tägliches ½ Liter verfaultes Kartoffelwasser, 470 g Brot. Das ist rattensozial. Denn es ist schon immer und … dass das, was man am meisten betonen muss, in diesem Fall das Wort „sozial" (sozialistisch) und es nach genannt nur getan wird, um es vorab gar nicht dazu kommen zu lassen, dass sie mal denken was eigentlich sozial ist.

Mir hat mein Brigadier, ein gewisser Dr. Notmeier aus Berlin, zu zwei Tagen Essen verholfen, indem er mir nur 100 % … und den anderen so viel über jemand. Was die Russen nicht machen, das machen noch deutsche Schufte. Ich werde das nicht vergessen und sie werden auch ihre Strafe bekommen. Ich kann jetzt auch hassen, und zwar ohne irgendeine Grundlage.

07.12.1946 Ich bin zur ... Gruppe des Lagers übergegangen, und zwar wirke ich im Sekretariat des Lagers mit. Außerdem bin ich in das Jugendaktiv der Antifa eingetreten. Ich möchte hier betonen, dass ich das nicht etwa aus Überzeugung zur Antifaschistensache tue, sondern nur aus dem einen Grund, um dadurch für mich persönlich irgendeinen Vorteil erlangen kann. Mein körperlicher Zustand ist innerhalb von einer Woche so bedeutend schlechter geworden, dass man schon fast die Rippen sieht und ich muss in ohnmächtiger Wut zusehen, wie ich mich abwirtschafte. Diese gemeine Behandlung werde ich hier diesen Ausbeutern nicht vergessen solange ich leben werde. Lieber tot als Sklave. Titel des Buches.

16.12.1946 Ich bin am 08.12. zum ersten Mal im Scheinwerferlicht aufgetreten, und zwar hat alles ganz gut geklappt. Ich arbeite jetzt im Magazin 2.
Den ganzen lieben Tag schwere Massenwaren schleppen, die über 140 Liter/Ztr wiegen. Dabei eine augenblickliche Verpflegung von 770 g Brot und Suppe. Abends bin ich furchtbar kaputt. Aber trotzdem freue ich mich schon den ganzen Tag auf die abendlichen Proben. Außerdem bin ich so gezwungen, mich körperlich stets rein zu halten und meine Gedanken werden immer noch etwas hochgehalten. Die Mitarbeiter gefallen mir durchweg und wir arbeiten gut zusammen.

22.12.1946 Weihnachtsfeier im Lager 339/37.
Ansprache des Kommandanten mit dem Sinn, dass im März dieses Jahres die

---

[23] Anmerkung: Dieser Jahrestag ist nicht richtig. Die erste sowjetische Verfassung wurde am 06.07.1923 verabschiedet und trat am 31.01.1924 in Kraft. Die 2. sowjetische Verfassung wurde am 05.12.1936 verabschiedet („Stalin-Verfassung").

Friedenskonferenz über Deutschland beginnen wird und dass dann auch unser Schicksal entschieden wird. Im Ganzen gut aufgezogen.

Dann folgte der zweite Teil. Er beginnt mit der großen … Solonummer:

Hallo, wie wärs mit einer Fahrt ins Glück.

Beim ersten Auftritt am 16.12. war ich noch etwas steif im Auftreten und im Rhythmus. Das hat mich sehr ermutigt, noch dazu, dass ich bei der letzten Hauptprobe wegen zu wenig Rhythmus getadelt wurde. Ich habe beim Auftritt, der in voller Bühnenbeleuchtung bei acht Scheinwerferlampen erfolgte, ein vollkommen freies Bühnenauftreten, obwohl mein Freund ganz vorn in der ersten Reihe saß und mir geschworen hat, mich aus der Fassung zu bringen. Ich habe ihn mit lachendem Gesicht angesungen und habe überhaupt kein beklemmendes Gefühl. Mit dem Solosänger Heinz stehe ich persönlich sehr gut und er riss alle mit. Bühnendekoration war gut und auch vorhanden, während im vorigen Jahr alles von der Politabteilung verboten wurde.

23.12.1946   Ich habe mir hier in Gefangenschaft und vor allen Dingen im Hospital Leningrad ein genaues Ausbildungsziel für meinen Beruf gesetzt, den ich doch hoffentlich wieder aufnehmen darf? kann?

Ich habe dort mit dem ersten Prokuristen der gemeinnützigen Wohnungsbau gesprochen, der seine Buchführung für andere Firmen privat gemacht hat. Mein Ausbildungsziel, das ich nach meinen Berechnungen in vier bis fünf Jahren erreicht haben muss, ist das Folgende:

Ich muss nach dieser Zeit soweit fortgeschritten sein, dass ich in der privaten Wirtschaft für eine Arbeitsstunde in meinem Fach 60 RM fordern kann. Das ist mein Ziel, das ich mir gesetzt habe. Es ist hoch, aber ich werde es erreichen. Auf der nächsten Karte werde ich anfragen, wie ich zum FA erfolgen kann.

23.12.1946   Ich kann leider meiner Parole für das Jahr 1946 nicht treu bleiben. Deutsche Kameraden zwangen mich dazu. Ich bin durch deutsche Schufte gezwungen, täglich ohne Pause schwerste Eisenteile zu transportieren, um dafür 100 g Brot mehr zu bekommen. Mache ich es nicht ganz so mit, wie sie wollen, so zieht mir ein deutscher Kamerad einfach von dem bisschen Fressen noch ab, so dass ich bei dieser Schwerstarbeit 400 g Brot und zu jeder Mahlzeit einen halben Liter Suppe habe. Ich werde es den Russen, diesen gemeinsten Sklavenhaltern, nicht vergessen, wie sie mich hier *behandeln*. Ich werde, wenn ich mal nach Hause komme, Rache dafür nehmen und mein Leben lang dran denken. Tod oder ausgebeutet sein. Meine Parole für das Jahr 1946 lautet: Keine körperliche Arbeit in der Gefangenschaft. Ich persönlich verachte die körperliche Arbeit und auch den körperlichen

… Aus diesem Grund verachte ich auch mich. Ich habe es noch nicht einmal fertiggebracht, mir in diesem verfluchten *Gefangenen*lager eine Stellung zu schaffen, wo ich nicht körperlich arbeiten brauche. Obwohl ich mir vorher alle nötigen Beziehungen geschaffen habe, hat es doch nicht hingehauen, weil die Russen keine Arbeitsgruppen im Lager lassen wollen. Aus diesen eben angeführten Gründen ändert auch der Mensch seinen Charakter. Heute ist es so, dass ich einem Kameraden, den ich sonst in Zivilzeiten anspucken würde, mit lachendem Gesicht und höflichster Freundlichkeit meine Hand reiche. Ich bin von Natur ein offener, ehrlicher Charakter, aber hier in Gefangenschaft kann man mit solch einem Charakter nichts erreichen. Deshalb hat sich mein Charakter so verschlechtert. Aber das wird auch für das spätere Berufsleben nicht von Nachteil sein, wenn man gut schauspielern kann.

23.12.1946 Heute war ich zur Arbeitsgruppen-Untersuchung. Haben sie Beschwerden? Nein. Arbeitsgruppe I. Dies, obwohl ich mich heute Nachmittag kaum auf den Beinen halte.

25.12.1946 Weihnachten, und immer noch in Russland. Was habe ich im vorigen Jahr für Hoffnungen gesetzt in das Jahr 1946. Wir haben gearbeitet, und zwar habe ich Eisen transportiert. Am Heiligen Abend war bei uns im Lager eine Weihnachtsfeier. Als Erstes war Andacht, dann sprach der deutsche Lagerkommandant und der Antifa-Leiter und dann kam der Niklaus, der seine Gaben verteilte. Es gab drei Stückchen Kuchen und Tabak. Ich bekomme als Nichtraucher keinen Tabak. Abends noch Weihnachtsfeier im kleinen Kreis im Klub. Das Wetter ist augenblicklich sehr mies. Heute am 26.12.1946 laufe ich zum Beispiel ohne Ohrenklappen herum.

27.12.1946 Meine Einstellung zu Gott. Ich habe zur Weihnachtsfeier mal wieder an einem Gottesdienst teilgenommen und ich muss sagen, dass ich für die nächste Zeit mal wieder genug habe. Ich kann den vielen Phrasen in der Bibel nicht glauben. Meine Einstellung ist folgende: Ich rufe meinen Gott nur an, wenn ich wirklich keinen anderen Ausweg mehr weiß; denn mein Gott hat mehr zu tun als nur meine kleinen Steine, die mir im Weg liegen, wegzuräumen. Ich bitte ihn deshalb erst dann, wenn ich wirklich keinen anderen Ausweg mehr weiß. Mein Gott hat mir bis jetzt zwar, wo ich gar nicht mehr ein noch aus wusste, geholfen; denn er weiß, dass ich ihn nicht mit Kleinigkeiten belästige. Ich weiß auch, dass mein Gott von mir nicht täglich so und so viel Vaterunser verlangt. Ich weiß, dass er aber unbedingt verlangt, dass ich blind an ihn glaube und ihm meine Ehrfurcht zu jeder Zeit entgegenbringe.

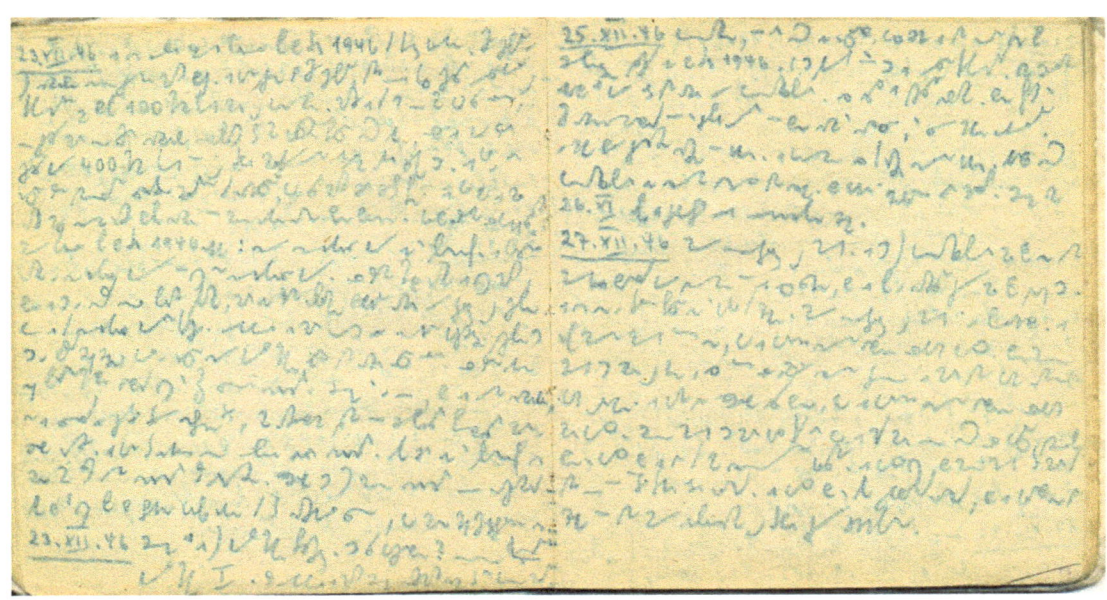

Ausschnitt aus dem Tagebuch 2

01.01.1947 Wieder hat ein neues Jahr seinen Anfang genommen. Der Unterschied zum vorigen 1. Januar ist nur, dass ich diesmal ohne jeden … und ohne jeden Optimismus auf baldige Entlassung das neue Jahr beginne. Meine Parole für 1946 gilt für mich auch für das Jahr 1947. Sie geht wie ein roter Faden durch alle meine Handlungen, die ich begehe. Ich habe bis hier vom alten Jahr in das neue Jahr … gehungert. Mit 570 g Brot und ½ Liter Wassersuppe schwere Arbeit. Ich will das nicht vergessen, dass ich zwei Jahre nach Kriegsende zusehen muss, wie ich mich immer weiter abwirtschafte. Meine Arbeit im Jugendaktiv geht nur aus dem vorher bezeichneten Grund weiter. Ich habe am 1. Januar wieder eine private Veranstaltung gehabt. Die Generalprobe war saumäßig ausgefallen. Trotzdem war die Aufführung ein großer Erfolg geworden. Ich bekam von verschiedenen Seiten Lob für guten Rhythmus beim Sextett. Ich merke selbst, wie ich mich bei jeder Aufführung im Rhythmus verbessere.

Die Witterung war uns bis jetzt sehr günstig. Am 1. Januar konnte man hier noch ohne Ohrenklappen herumlaufen. Morgens so gegen 9.30 Uhr hell und nach vier Uhr schon wieder dunkel.

01.01.947 Meine achte Karte erhalten und abgeschickt etwa 170 Worte.

05.01.1947 Meine neunte Karte gekauft und abgeschickt. Etwa 120 Worte.

12.01.1947 Ich habe meinen ersten Aufsatz für die Wandzeitung geschrieben unter dem Motto: jugendlicher Antifaschist. Ich wunderte mich selbst, wie ausgezeichnet ich das Thema ohne jede Vorbereitung richtig getroffen habe. Der Aufsatz ist ohne auch nur die kleinste Änderung auf der Wandzeitung erschienen. Ich musste daraufhin zum Antifa-Leiter Bruger der mir sein Lob aussprach und sagte, dass er nie gedacht hätte, dass ich eine solche Gesinnung vertrete. Er machte dabei die dumme Bemerkung: „Aber ihr seid ja so schüchtern. Euch muss man erst mit einer Brotrinde aus dem Urwald locken." Ich musste dabei sehr lachen und mich zusammennehmen, da ich ihn nicht gefragt habe, ob das etwa eine Anspielung sein soll auf das alte Sprichwort: „Wessen Brot ich esse, dessen Lied ich singe."

Ich möchte hier nochmal meine Einstellung zur Antifa klarlegen. Ich bin ein überzeugter Antifaschist. Ich will mit dem Militarismus nichts zu tun haben. Ich bin ein Demokrat. Ich betone aber, dass ich einen gewaltigen Unterschied mache zwischen Antifaschist und Kommunist. Ich werde nie ein Kommunist werden, denn ich habe mir geschworen, nie das zu vergessen, was der erste kommunistische und Sozialstaat mit Kriegsgefangenen gemacht hat. Man nützt uns hier schlechter aus wie Sklaven und es sind bald wieder dieselben Gemütsstimmungen wie in … zu unterstellen. Und gestern Abend habe ich auch welche anhören müssen, die vor Hunger bald weinten und jeder sagte, dass wir bei längerer Zeit uns vollkommen kaputt machen. Ich bin natürlich aus taktischen Gründen zu solchen Äußerungen still. Aber ich habe jetzt so einen Hass gegen alles Kommunistische, den ich in meinem Leben nicht vergessen kann.

16.01.1947 Heute setzt plötzlich großes Tauwetter ein. Es regnet. Bis jetzt hat uns der Himmel ein großes Geschenk bereitet, indem der Winter so günstig für uns war.

17.01.1947 Ich bin manchmal so verzweifelt, dass ich am liebsten mit dem Leben Schluss machen möchte. Wenn ich wüsste, dass ich mein ganzes Leben so verbringen müsste wie jetzt, ich würde keinen Augenblick zögern, und würde diesem Jammer-Dasein ein Ende bereiten. Es ist für mich bestimmt zulässig, mit solchen Gefühlen im Inneren nach außen ein vollkommen freies und ungekünsteltes Bild in entgegen gesetzter Richtung darüber darzustellen. Aber ich schaffe es doch ganz gut. So hat die Gefangenschaft meinen Charakter verändert. Aus einem *welt*offenen Menschen hat sie, über Verleumdung, *durch* straf*würdige* und gemeine Handlungsweise von Leuten, und Nachhilfe einen raffinierten Egoisten gemacht, der nur noch sein eigenes Ich sieht - ich der … auch sagen wird.
Wenn ich manchmal die Leute hier so arbeiten sehe, vor allen Dingen ältere Frauen, die Zement und Kalk schleppen, so denke ich daran, dass das meiner

34

Mutti auch mal so ergehen könnte, dann weiß ich nur das Eine, so darf es bei uns nicht werden.

22.01.1947 Vollständiger Bankrott der Antifa. Unser erster Antifa-Leiter Karl Bruger hat Kameradendiebstahl begangen und hat außerdem falsche Angaben über seine politische Vergangenheit gemacht. Er hat eine Uhr, die ihm von seinem besten Kameraden als Antifa-Leiter zur Aufbewahrung übergeben worden ist, verscheuert gegen 200 Rubel. Nachher bekam er Krach mit seinem Spieß.
Denselben, der ebenfalls im Antifa aktiv war und den er dann herausgeschmissen hat. Dieser rächt sich und hat die ganze Sache dann gemeldet. Bruger wurde seines Amtes enthoben mit vorläufig fünf Tagen *Arrest* und der andere mit zwei Tagen *bestraft*.
Dieser Vorfall hat natürlich eine harte Erschütterung für die Antifa gegeben.
Mich persönlich hat die Sache, obwohl ich ja auch im Jugendaktiv bin, nicht im Ärgsten erschüttert; denn mir war von Anfang an klar, dass alle Antifaschisten im Kriegsgefangenschaft nicht aus reiner Überzeugung zur Antifaschistensache einen Posten erfüllen, sondern nur aus dem einen Grund, um nicht arbeiten zu müssen und gutes Essen zu haben. Weil ich die Sache auch nur von diesem Standpunkt aus betrachte, betrifft mich deshalb moralisch die Sache nicht im Geringsten. Alles handelt hier nur nach dem Sprichwort: Wessen Brot ich esse, dessen Lied ich singe.

26.01.1947 Die Verpflegung im Paradies der Arbeiter ist folgende: morgens ¾ Liter Suppe mit 20 g Kartoffeln (1 Löffel) und 200 g Brot, dann acht Stunden ohne Pause schwere 70 cm dicke Stämme entladen bis 4 Uhr. Dann Fahrt ins Lager. 5 Uhr Essen 470 g Brot, ¾ Liter Hafersuppe, 80 g (1 Löffel) Fisch, ¾ Liter Rote-Rüben-Brühe ohne irgendeinen Zusatz von *Fleisch* oder Mehl. Bei diesen Zuständen dann noch abends freiwillige Proben bis 11.00-12.00 Uhr. Da gehört schon etwas Idealismus dazu. Der Kommandant hat das allerdings mit einigen Nachschlägen anerkannt.

05.02.1947 Nachtarbeit. Wir haben 25 Brocken (?) Kugeleisen (?) in der Nacht verladen müssen. Das ohne irgendein … Interesse. Der Posten sollte uns noch einzeln aufwärmen lassen.

07.02.1947 29° Kälte. Es wird nicht gearbeitet. Ich mache Probe für unser Stück: Heimat...

08.02.1947 Mein Geburtstag. Ich bekam morgens, mittags, abends Doppelschlag. Ich habe gearbeitet, einige gratulierten. Sonst ein Tag wie jeder andere. Ich habe Gott sei Dank noch vor der extremsten Kälte ein paar tadellose Fußlappen und eine

Steppjacke bekommen, so dass ich die Kälte ganz gut überstehen werde. Kalte Füße habe ich seit Anfang Dezember in meinen Filzstiefeln noch nicht wiedergehabt. Verpflegung augenblicklich wieder ganz beschissen. Immer Wassersuppen.

15.02.1947 Der Zustand in unserem Lager wurde immer katastrophaler. Das Essen morgens und mittags zwei Löffel Dickes und abends Rote-Rüben-Suppe.
Dabei arbeiten bis zum Umfallen. Jetzt sind in der *Winter*zeit bei Leuten von uns die Klamotten durch und durch nass. Der eine hat sie getrocknet und konnte deshalb morgens nicht zur Arbeit gehen. Er wurde in den Kerker gesperrt. Der andere ging mit nassen Klamotten zur Arbeit und starb hinterher an Lungenentzündung. Heinz hat sich einen Bruch gehoben. Allseits bedauerlich im Sozialstaat der …

20.02.1947 Ich habe meine zehnte Karte erhalten und abgeschickt. Erkältet schreibe ich, dass mein Geburtstag ein Arbeitstag wie jeder andere auch war und dass die Hauptsache ist, dass wir uns alle gesund wiedersehen. Ich für meine Person werde jedenfalls alles tun, was in meinen Kräften steht, um mich auch weiterhin so gut es geht gesund zu erhalten.

26.02.1947 Mein Gesundheitszustand wird wieder von Tag zu Tag schlechter. Ich bekomme wieder … an den Beinen. Ich habe Ausschlag an den Beinen und dazu auch noch Furunkulose. Der Arzt hat mir eine Traubenzuckerspritze gegeben, aber die wird natürlich nichts ausmachen. Vorher bekam ich schon einmal einen Vitaminstoß von 10 Vitamin…

28.02.1947 27° Kälte, aber unser Thermometer steht immer auf 21-23°. So braucht das Lager kein Geld zu verlieren und auf die armen *Gefangenen* kommt es ja schließlich nicht darauf an. Wir haben heute bei dieser Temperatur 50 mtr. (Kubikmeter oder Festmeter?) auf die Straßenbahn verladen müssen und dann wieder bei der Akademie abladen. Bei dieser Schwerstarbeit morgens Wassersuppe mit etwa zwei Löffeln Hirse, dazu noch 200 g Brot. Dann 13 Stunden Schwerstarbeit ohne Essen und abends dann den Bauch voll Wassersuppe schlagen und ins Bett bis morgens. Wenn ich das mein Lebtag lang mitmachen müsste, dann würde ich mir einen Strick nehmen und mich aufhängen.
Die Russen klagen uns immer ihr Leid, dass sie es auch nicht besser haben. Fragt man sie aber warum, dann lächeln sie wie kleine Kinder und sagen nur, das ist nun einmal so und es wird bald besser. Für das diesjährige schlechte Essen, sagen sie, ist die Dürre in der … verantwortlich. Im nächsten Jahr, wenn wirklich so gute Ernte ist, wird es genau nicht mehr Verpflegung geben und dann sagt man eben, ja jetzt müssen wir die gute Ernte aufheben. Wenn es vielleicht im nächsten

Jahr mal wieder eine schlechte Ernte gibt. Bei uns im Lager sterben jetzt die Leute wie die Fliegen bald täglich an Lungenentzündung oder Rippenfellentzündung. Ich werde diese Gemeinheit, die man an uns verübt, nicht vergessen. Ich wurde bei der Untersuchung trotz meiner starken *Abmagerung* wieder Arbeitsgruppe I. Ich wiege zurzeit noch 65 kg. Ich habe innerhalb von drei Monaten vom Hospital bis jetzt 4,5 kg abgenommen. Im Ganzen fehlen mir an meinem Normalgewicht 9 kg.

04.03.1947 Mir ist zum ersten Mal auf der Arbeit schlecht geworden. Ich habe ein starkes Flimmern in der Herzgegend. Morgens gearbeitet und nachmittags nicht.

05.03.1947 Meine elfte Karte geholt.

10.03.1947 Meine elfte Karte abgeschickt. 150 Worte. Ostergrüße, … über Unterzeichnung Friedenskonferenz in Moskau.
Arbeite in der Schule. Teilnahme an einem Zirkel für Buchprüfung und habefest-gestellt, dass ich doch noch allerhand behalten habe, trotz der langen Unterbre-chung.

11.03.1947 Mein Gesundheitszustand ist augenblicklich sehr schlecht. Ich habe sehr stark unter Asthma und Furunkulose zu leiden. Ich habe jetzt zwei Furunkel am Kopf und am Nacken. Das am Kopf habe ich allein wieder zurückgekriegt und das am Nacken hat der Arzt mir geschnitten. Vorher hat er die Stelle … Hinterher bekam ich eine Traubenzuckerspritze und sonst sagt der Arzt kann er mir nicht weiter-helfen, da er keine Vitamine zur Verfügung hat. Ich muss mir, weil jetzt Rubel zur Auszahlung gelangen, für das Geld Vitamine kaufen. Dabei ist nur folgendes: Von den monatlich verdienten Rubeln werden erst einmal 400 abgezogen für Un-terkunft und Verpflegung. Das wäre nach dem augenblicklichen Stand 800 Deut-sche Reichsmark im Monat und unsere Tagesverpflegung kostet augenblicklich 37…

Wer mehr als 400 Rubel verdient, dem werden bei Schwerstarbeitern 80 %, bei Leichtarbeiten 75 % des über 400 Rubel liegenden Betrages ausgezahlt. Dieser Betrag hat in meinem Fall 150 Rubel überstiegen.

Da aber die meisten *Gefangenen* gar nicht so viel verdienen, wird ihnen natürlich auch nichts ausgezahlt. Außerdem ist es so, dass diese Produkte zu Preisen des Schwarzmarktes gekauft werden müssen und da wird für 150 Rubel sowieso nicht viel zu machen sein.

Die Russen selbst meckern über ihre Verpflegung und neulich war zwar eine Meuterei in einer Russenküche, aber trotzdem steht in der Zeitung, dass Stalin in Moskau diesmal 100 % … gewählt worden ist. Hier im Lager verhungern die Leute bald. Ich selbst zwinge mich, durch … nicht an den Hunger zu denken und es ist mir auch in gewissem Grad gelungen. Aber manchmal geht es eben doch nicht. Vor einigen Tagen habe ich in einer … Sand getragen und dabei habe ich mir irgendeinen Knacks zugezogen.

Der Arzt hörte mich ab und fragte mich, ob ich das schon früher gehabt habe. Ich muss bei der Arbeit aufpassen, dass ich nicht zu schwer arbeite und Medikamente kann er mir leider nicht geben, da er keine besitzt. Außerdem behandelt er mich augenblicklich noch gegen Krätze. Ist aber nicht schlimm.

12.03.1947 Krach in der …-Gruppe. Wir haben Wagner den ganzen Beutel vor die Füße geworfen. Er hatte uns einige Nachschlag-Marken gegeben und jetzt wieder abgezogen und ohne irgendeine Vergünstigung kann man von niemandem etwas verlangen. Umsonst ist der Tod. Wir haben geschlossen gestreikt. In unseren Zeitungen stehen hier immer tolle Sachen drin. Jetzt schreibt man … von einem Lager, in dem sich die Kriegsgefangenen Obstkuchen mit Schlagsahne kaufen können. Dabei haben wir überdies noch nicht einmal genug Brot zum Essen. Wir bekommen augenblicklich ¼ Liter Suppe, dafür hat man uns 100 g Brot abgezogen.

13.03.1947 Die neueste *Haus*parole: morgens nur in der … erzählt. Ihr kommt in Kürze nach Hause. Molotow soll auf der Friedenskonferenz diesen Vorschlag gemacht haben. Ebenfalls soll es in der Prawda gestanden haben.

14.03.1947 Wir bekommen zum ersten Mal Rubel ausbezahlt. Ich habe 34 Rubel als Jahresverdienst bekommen. Ich habe mir 300 g Wurst gekauft und habe mich dann mal satt gegessen. Die restlichen sieben Rubel werde ich mir noch aufheben. Man hat uns die Haare fast wieder auf Glatze geschnitten. Mir hat Heinz Birnbaum die Haare geschnitten und so sehe ich wenigstens noch etwas menschlich aus.

16.03.1947 Die Sowjetunion besitzt jetzt noch 890.000 Gefangene, Frankreich noch 680.000, England noch 400.000 und Amerika 30.000. Russland hat angeblich 1,3 Mio. entlassen. Diese Meldung widerspricht sich mit einer Radiomeldung, die etwa vor zwei Wochen gegeben wurde. Danach hatte Russland bis jetzt 160.000 Gefangene entlassen. Wenn Russland noch angeblich 1,3 Mio. entlassen hat und noch 890.000 besitzt, wo sind dann die anderen 1,5 Mio. geblieben, von denen die Posener immer gesprochen haben. Einmal das Russland 35.000 (?) Gefangene gemacht hat. Diese 1,5 Mio. sind wie wir und wenn die Verpflegung so ist sind sie verhungert und jämmerlich verreckt. Fluch diesem Zustand und seinen Folgen.

20.03.1947 Die … in den Filzstiefeln ist augenblicklich am Tage … wie die Sohlen.
Ich habe meine Filzstiefel fast vier Monate angehabt und sie haben mir sehr gute Dienste geleistet. Ich kann wohl sagen, dass ich während dieser vier Monate keine kalten Füße gehabt habe.

Mein körperlicher Zustand ist schlecht. Ich bin doch sichtbar abgemagert und im Gesicht ganz schmal geworden. Außerdem habe ich sowie ich irgendwie schwer zupacke sofort Schmerzen, und zwar ein Druckgefühl unter dem Herzen. Ich habe deshalb auch schon von meinem Brigadier leichte Arbeiten bekommen. Die Kameraden, aus Versehen habe ich eben dieses Wort gebraucht, haben sich darüber auch schon geärgert. Aber mir ist jetzt alles egal, lieber soll ein anderer arbeiten und sich kaputt machen als ich. Ich bin 150 % Egoist.

Die Antifa legt eine Kartei an.

Bei uns liegen jetzt laufend die Leute und andere werden totsterbenskrank. Ein kräftiger gesunder Mann hat in Gefangenschaft 60 Pfund abgenommen. Jetzt spielt die *Varieté*gruppe nicht mehr, weil keiner mehr die Kraft aufbringt. Die proben nur noch sonntagvormittags, um nicht mit zur Arbeit zu müssen. Meine Plombe vom oberen Schneidezahn ist herausgefallen. Wir dürfen nicht zum Zahnarzt. Wir müssen zusehen, wie unsere Zähne kaputt gehen.

21.03.1947 Frühlingsanfang. Hier ist es noch kalt. Von Frühling ist hier noch nichts zu merken.

25.03.1947 Zum ersten Mal wieder warme Temperatur. Wir können ohne Kopfschützer herumlaufen. Anschließend setzte jedoch ein tolles Tauwetter ein. Ich hatte nasse Schuhe schon morgens, wenn ich von der Küche zurückkam. Man muss sich wundern, dass man dabei nicht krank wird. 10 Stunden schwere Arbeit bei vollkommen nassen Schuhen. In der Akademie hat man uns jetzt die …-Suppe entzogen. Wir arbeiten acht Stunden ohne Pause und essen nichts.

28.03.1947 Muttis Geburtstag. Und immer noch bin ich bei diesen verfluchten Kanaken gefangen gehalten.

Es ist dies schon der dritte Geburtstag von Mutti, den ich in diesem verfluchten Land zubringen muss. In Gedanken war ich zu Hause und habe daran gedacht, wie schön doch gerade bei uns das Familienleben war. Hier in Russland kennen die Leute kein Familienleben, hier geht jeder zur Gemeinschaftsküche und frisst dort seine Kapustabrühe und wenn er Mut hat auch noch seinen …

30.03.1947 Ich bekomme meine zwölfte Karte. Ich werde noch ein paar Tage mit der Beantwortung warten, denn gestern Abend ließ mich der Wagner rufen und fragte mich, ob ich denn schon Post bekommen habe. Ich sagte ihm, dass ich in diesem Lager noch keine Post bekommen habe und seit dem 14. August 1946 keine Postverbindung mehr mit zu Hause habe. Er sagte mir, dass er eben die Post durchgesehen hat und dass Post für mich dabei ist. Er kann sie allerdings noch nicht ausgeben, da sie noch nicht zur Zensur *gegangen* ist. Ich freue mich schon darauf.

Ich habe im ersten Vierteljahr des Jahres 1947 auf Grund meiner Zugehörigkeit zur Varieté-Gruppe nicht arbeiten brauchen. Das Essen ist ab heute wieder etwas besser geworden.

03.04.1947 Ich bekomme Post, und zwar zwei Karten auf einmal.

Wir haben abends Probe zur Ostervorstellung und deshalb bin ich zur Postausgabe nicht im Lager. Ich bekam die beiden Karten unten an der Wache, denn Wagner wollte sie gerade zu uns rüberbringen. Ich las sie nicht gleich, sondern wollte sie in Ruhe oben auf meinem Bett lesen. Wie ein Schlag ins Gesicht traf mich die Nachricht von Vatis Schicksal. Mit dieser Nachricht hatte ich überhaupt nicht gerechnet. Meine ganze Osterfreude war dahin und die sonst mit aller Konzentration zurück gehaltene Wut kam zum Ausbruch, so dass mir heimlich ein paar Tränen über die Backen rollten. Mein Vati von den Bolschewisten verschleppt und in Gefangenschaft verreckt und der Sohn als noch gesunder aber … Arbeitssklave im Joch des Sieges. Wenn ich das gewusst hätte, wie die Sache heute nach zwei Jahren nach Krieg aussieht, ich wäre wahrscheinlich nicht in Gefangenschaft gegangen. Vati war nicht mehr der Jüngste und Gesündeste und ich weiß nicht, ob er den Beanspruchungen, die diese Tiere an uns stellen, gewachsen ist; denn ich bin noch jung und vor allen Dingen noch ziemlich gesund und kann den Anforderungen dieser Tiere nur durch energischen *Willen* nachkommen; denn die körperliche Kraft allein schafft es nicht mehr. Ich schleiche heute wieder so dahin, wie damals im Torflager. Trotzdem bin ich bei der allgemeinen Fleischbeschau, die sich hier noch Untersuchung nennt, wieder Arbeitsgruppe I geworden. Ich habe mächtig im Gesicht abgenommen und sehe im Gesicht schlechter aus als am Körper. Ich suche jede Chance, um mich wieder hochzuarbeiten, aber bis jetzt ist jeder Weg aussichtslos.

Ich bin oft abends und vor allen Dingen am Tage verzweifelt, da ich am liebsten mit dem Leben Schluss machen möchte. Aber mich dauert dann wieder meine treue, gute Mutti, die es bestimmt auch nicht leicht hat, allein durchzukommen und die dann vielleicht bei dieser Nachricht zusammenbrechen würde. Sonst, wenn ich die Nachricht bekommen würde, dass mein Vati und meine Mutti tot wären, würde ich dieses Hundeleben nicht mehr mitmachen. Ich würde meinem Leben entweder durch Fluchtversuch oder durch Selbstmord ein Ende machen. Da meine Mutti aber zu Hause arbeitet, um alles zu erhalten für mich, bin ich verpflichtet, ihr und mir zuliebe alle Strapazen auszuhalten und nicht feige zu werden. Das ist mein Los zwei Jahre nach Kriegsende. Ich muss oft über den Spruch nachdenken: Lieber tot als Sklave! Er hat vieles für sich.

Arbeit auf dem Holzplatz

04.04.1947 Das Essen ist augenblicklich unter aller Sau. Morgens zwei Löffel ... mittags mit etwas Kapusta … und abends eine Kapusta-Wasser-Suppe. Dabei bekommt man, wenn man die Norm geschafft hat, 600 g Brot sonst 500 oder 400 g. Ich arbeite jetzt auf dem Holzplatz. Wir bekommen morgens 200 g Brot und ¾ Liter dieser Wasserbrühe. Um 7.30 Uhr, wenn wir heraus marschieren, bekommen wir unsere 200 g Mittagsbrot ausgehändigt.

Das essen wir gleich im Laufen auf. Dann arbeiten wir acht Stunden, ohne irgendetwas zu essen und ohne irgendeine Pause. Machen wir mal 10 Minuten Zigarettenpause und der *verfluchte* Jude sieht es, dann droht er uns sofort mit Prozentabzug. Wie oft hat er schon abends 80 % geschrieben, obwohl tüchtig gearbeitet wurde. Die Leute haben dann abends als Lohn entweder 100 g oder gar kein Brot bekommen. Alle Beschwerden waren zwecklos, denn das Lager verdient sehr gut an diesem Kommando und hebt es deshalb nicht an. Ich werde jetzt meinen Bericht schließen, denn eben kommt die zweite Rate zum Essen. Es wird hier wieder lebhafter Betrieb sein und ich muss mich anziehen und muss jetzt wieder zum Holzplatz arbeiten. Morgen mehr.

06.04.1947   Ostern. Wir hatten frei und brauchten nicht zu arbeiten. Nachmittags war wieder eine Varieté-Veranstaltung. Sie hatte als Programmfolge … und noch ein paar andere Szenen-Bilder. Ich wirkte mit als Rumbaschläger. Man merkte aber, dass kein Schwung mehr in den Laden zu bringen war. Es war alles jedem Einzelnen so gleichgültig. Zum Beispiel fiel plötzlich mitten im Spiel dem Solosänger sein Text nicht ein und alles was auf der Bühne saß, lachte ihn an, ohne ihm das Stichwort zu geben. Ich war noch soweit geistesgegenwärtig und gab das Stichwort, so dass der Laden bis zuletzt weiterlief. Aber ich mache den ganzen Varietékram nicht mehr, wie früher, aus Begeisterung mit, nur von dem Gedanken geleitet, dadurch von dem Arbeiten entbunden zu sein.

11.04.1947   Ich bekomme Post von zu Hause. Es ist meine 10. Karte von zu Hause. Mutti schreibt, dass sie wieder als Schneidermeisterin arbeitet; denn sie muss sich ja selbst ernähren, da Vati sich in russischer Gefangenschaft befindet und sich noch nicht gemeldet hat. Mutti schreibt mir, dass sie Arbeit und Einkommen reichlich hat und dass sie auch ins Haus zum Arbeiten geht. Ich glaube, dass ich wegen Hunger für Mutti nichts zu befürchten habe. Wieder eine Sorge weniger.

12.04.1947   Ich bekomme wieder Post von zu Hause und zwar meine 11. Karte. Sie ist vom Lager Antropshino nachgeschickt worden und ich hoffe, dass jetzt langsam meine ganze Post nachkommen wird. Sonst nichts Neues. Opa wohnt seit 1½ Jahren unten bei uns.

13.04.1947   Empfehlung sind in Brest. Geht, was die Empfehlung ist, weiß ich nicht. Es wurde uns auch nicht gesagt. Bei der letzten Untersuchung wurde ich wahrscheinlich wieder Arbeitsgruppe I geschrieben. Ich habe allerhand abgenommen und sehe im Gesicht ziemlich schlecht aus. Zwei meiner Brigadiere haben darauf auch Rücksicht genommen. Ich bin ihnen sehr dankbar und ich verzichte lieber auf 100 g Zusatzbrot, wenn ich am ganzen Tag leichte Arbeit machen kann, denn ich bin in dieser Hinsicht kühler Rechner geworden, der nur den Vorteil seines eigenen Körpers sieht.

15.04.1947   Impfung in die Brust, wahrscheinlich gegen Typhus.

17.04.1947   Impfung in die Brust, wahrscheinlich gegen Typhus.

20.04.1947   Ich habe meine 13. Karte erhalten und abgeschickt mit 25 Worten.
Der Erhalt der Pfingstgrüße und Freude, dass Postverbindung wieder klappt. Hoffe auf diesjähriges Wiedersehen.

Wir müssen unsere Winterklamotten abgeben. Ich habe während dieses Winters folgende Bekleidung gehabt: Stepphose, Steppjacke, ein Pullover, ein Pullunder, Mantel mit Kapuze und Sommermütze. Außerdem von Dezember bis März Filzstiefel, weiter Handschuhe, und zwar mehrere Paar. Den größten Dienst im strengen Winter haben mir meine Filzstiefel geleistet und meine Kapuze war mein … Die Kapuze hat mich vor mancher Erkältung bewahrt. Außerdem war heute zur Feier des Tages Generalfilzung. Alles musste mit … oben im Hof antreten und dann ging die Filzerei nach Messern und doppelten Bekleidungsstücken los. Dabei verhielten sich wieder die Deutschen zehnmal schlechter als die Russen.

Heute, am Tage von Hitlers Geburtstag wie üblich schönes Wetter. Lieber hätte ich diesen Tag als Tag des Sieges gefeiert, als hier als Gefangener und Arbeitssklave. Manchmal bin ich direkt am Verzweifeln und möchte mit dem Leben abschließen, aber der Gedanke, dass zu Hause Mutti sich aufopfert, um alles für mich zu erhalten, richtet mich immer wieder hoch und ich will nicht verzagen und aushalten bis zum Wiedersehen.

Tagebuch 3

April 1947 bis Januar 1948

21.04.1947 Post von Mutti und Tante Martha vom 08.10.1946 und Februar 1947. Tante Martha schreibt von einer Fahrt nach Weißensee.

26.04.1947 Post von Mutti. Hofft, dass ich in diesem Jahr nach Hause komme.
Die große Konferenz in Moskau ist jämmerlich zusammengebrochen, auf Grund der Sturheit von Russland. Hoffentlich hat das für uns keine ernsten Folgen in Bezug auf Entlassung.
Das Essen ist augenblicklich als gut zu bezeichnen, aber das ist ja doch nur wieder eine kurze Periode.
Ich habe mir heute eine Brieftasche gekauft für 18 Rubel. Ich habe sie bezahlt in 2 x 50 g Machorka, 75 … und zwei Stück Seife. Ich habe das Zeug abgegeben, weil man es mir sonst doch noch einmal abnehmen kann.

27.04.1947 Es könnte so'ne dämonische Parole sein: Alle Kriegsgefangenen sollen bis zum Ende 12 1948 entlassen sein. Das wäre noch 20 Monate. Ich habe das nicht erwartet und wir dachten zuerst 1947, aber leider ist es doch 1948. Die Politabteilung gab durch, wer noch einen Fluchtversuch macht, wird vom Kriegsgericht bestraft.
So wird es auch dieses Jahr wieder nichts mit nach Hause fahren und im nächsten Jahr, wer weiß, was da los ist. Hier hält uns ja nur die *Hoffnung* aufrecht, denn sonst würden wir wohl auch vieles aufgegeben haben. Unsere Lager-Nummer hat sich geändert. Jetzt sind wir ab sofort das Lager 7737 und die Post geht nicht mehr über Moskau.

01.05.1947 Ich habe drei Tage arbeitsfrei, den 1., 2., 3. Mai. Am 3. Mai war wieder Rabatz. Das ganze Lager musste umziehen. Überhaupt auch wie *allen* hängt mir der ganze Kram zum Halse heraus. Es ist zum Verzweifeln.
Ich habe meine vier*zehnte* Karte erhalten und abgeschickt. Inhalt, ich freue mich, dass Mutti nicht so sehr auf fremde Hilfe angewiesen ist.
Gesundheitlich geht es mir ziemlich schlecht. Habe dauernd noch Avitaminose und kann nichts dagegen unternehmen. Bekomme augenblicklich wieder zwei Vitamin-Tabletten täglich. Davon soll es weggehen. Der Arzt fragte mich, wo ich denn mein Fleisch an den Oberschenkeln gelassen habe, vollkommen abgemagert. Es ist mir unmöglich, mit einem mir vorgesetzten ärztlichen Leiter ein Gespräch zu führen.

09.05.1947 Feiertag des Sieges über Deutschland. Wir brauchen nicht zu arbeiten und am nächsten Tag, 10.05., ebenfalls nicht, weil da der Sonntag auf Sonnabend vorverlegt wurde. Ich habe mir eine Lektüre geholt im … aber ich habe wirklich Mühe, die 22 Seiten durchzulesen, so abgespannt ist man.

11.05.1947 Ich habe jetzt ein einigermaßen gutes Kommando; und zwar kann ich das so organisieren. Ich habe schon fast eine Woche gegessen, aber ich weiß nicht, ob ich es weiter so essen kann und ob ich es vertrage. Die Verpflegung ist unter aller Sau. Morgens bis abends Bohnenwasser. Ich müsste zum Zahnarzt, darf aber nicht gehen.

25.05.1947 Pfingsten und noch immer in diesem verfluchten Land. Arbeiten brauchen wir Gott sei Dank nicht. Aber das ist auch gar nicht nötig. Man hat uns auch so schon fertig genug gemacht. Ich bin heute körperlich soweit, wie ich es gleich am ersten Tag meines Einzugs in dieses Arbeitslager ausgesehen habe. Die Muskeln vollkommen schlapp und körperlich und zum ersten Mal auch geistig träge. Man kommt abends nach Hause und ist zu schlapp, um zum Waschen zu gehen. Sonntags, wenn einigermaßen Ruhe ist, schläft das ganze Lager von morgens bis abends.

Das einzige Thema, was es bei der Arbeit noch gibt, ist das Thema: ESSEN.

Ich habe am 20.05.47 wieder Post von zu Hause bekommen, und zwar zwei Karten von Mutti und eine von Tante Martha. Die Post geht jetzt ziemlich schnell. Meine Karten sind beispielsweise nur 18 Tage gegangen.

Die Bäume sind jetzt fast voll grün. Es wird noch ein oder zwei Tage dauern, und in 5-6 Tagen sind sie grün geworden. Die Temperatur ist jetzt tadellos hier, nur der Schrecken vor dem kommenden Winter ruht schon wieder in allen Gliedern. Unsere Spielgruppe hat jetzt endgültig Schluss gemacht wegen körperlicher und seelischer Schwäche. Es ist unmöglich, bei solchem Hunger und Hohn Mut zu machen. Im Stillen denke ich immer an Vati. Ich habe mit Kameraden gesprochen und sie kannten einzelne Fälle bei ihnen, die hinsiechten. Es heißt, dass die Leute entnazifiziert worden waren. Es gibt nur eins, Rache diesem System und seinen Schöpfern.

06.06.1947 Ich habe meine 15. Karte erhalten und abgeschickt. Inhalt: Freue mich, dass Post in letzter Zeit von Mutti und Tante Martha eingetroffen ist. Ich kann durch Kartenmangel an Tante Martha nicht selbst schreiben.

Unser Entlassungstermin 31.12.1948 steht ja nun fest. Wenn es auch ein weitgesteckter Termin ist, so ist es wenigstens ein Termin.

14.06.1947 Ich habe im Ambulatorium des Werkes meinen linken Schneidezahn plombieren lassen. Der Arzt hat sehr gut gearbeitet. Hoffentlich hält die Plombe.

17.06.1947 Post von Mutti. Pfingstgrüße und Gruß von Heinz Knopf.

25.06.1947 Essen ist das Schlechteste seit meiner Gefangenschaft. Morgens, mittags und abends als Produkte 20 g Mehl und mittags 40 g Grütze. Kein Zucker. Abends 100 g Fisch, 600 g Brot. Dabei von morgens bis abends Zement kauen.

28.06.1947 Das Lager muss antreten. Es wird ein Befehl über die vorfristige Entlassung von Kriegsgefangenen verlesen. Von unserem Lager ein Mann, und zwar von der Gruppe III ein Handwerker, der für den Natschalnik[24] gearbeitet hatte. Außerdem wurden 35 Mann von der Gruppe III weggeschickt und 36 Österreicher. Außerdem 15 Mann zu einem anderen Lager versetzt. Man wollte wohl unseren Leiter abschieben. Demokratie (?) wäre unter Druck ... Klamotten wurde bei der Abfahrt der Gruppe III abgenommen.

03.07.1947 Uns werden sämtliche Lederschuhe abgenommen und es gibt Holzschuhe dafür. Ich komme davon, weil ich an diesem Tage gerade arbeiten war.
Körperlich bin ich vollkommen fertig. Gesprächsthema 1: nur Essen und Gerichte in allen möglichen Formen. Es ist kaum zu glauben, wie klar man Sachen ... ... obwohl man sich früher gar nicht viel damit beschäftigt hat.

15.07.47 Ich habe meine 16. Karte erhalten und abgeschickt. Inhalt: Grüße, schönster Augenblick wird der Tag unseres Wiedersehens sein.
Gesundheitlich bin ich in den letzten Tagen ziemlich abgemagert. Ich habe seit zwei Tagen Durchfall. Habe aufgrund der Stuhlprobe 3 Tabletten bekommen. Es ist nicht besser geworden. Muss etwa neunmal am Tag austreten. Rücksichtsloser Arbeitseinsatz bei Tag und Nacht in diesem verfluchten Straflager. Muss ausladen und es werden drapierte Platzschaden (?) verladen. Es sollen uns zwar vier Sonntage im Monat zustehen, aber wir bekommen sie nicht. Eine Zeit lang ging es mal gut, aber jetzt ist alles schon wieder im alten Trott.
Meine Brieftasche mit sämtlicher Post von zu Hause und außerdem drei Rotkreuz-Karten, von denen mir zwei Stück nicht gehörten, sind mir gestohlen worden. Die Hauptsache ist mir allerdings, dass meine Notizbücher noch da sind.

25.07.1947 Post von Muti vom 26.06.47. Sie haben in Mühlhausen 11.000 Umsiedler. Der Kreistag muss wahrscheinlich im Gebiet Mühlhausen versorgen. Große Not betreffs Versorgung. Ich sehe immer mehr, dass die Zustände bei uns zuhause immer ähnlicher *wie bei den* verfluchten Russen verstanden werden. Ich glaube, wenn ich mal nach Hause komme, wird es einen harten Kampf kosten, um

---

[24] russisch = scherzhaft oder abwertend für Chef

überhaupt wieder in eine Stellung zu kommen. Es wird mir weiter nichts übrigbleiben, als den einen Weg zu wählen, und zwar rücksichtsloses Vorgehen gegen Jedermann und das womöglich noch unter Hilfenahme einer Partei. Obwohl ich sehe, welche Folgen ein parteiliches Vorgehen hat bei meinem Vati, obwohl er nur Mitläufer war, sollte man sich möglichst nicht an eine Partei klammern. Oder aber ich wähle den anderen Weg: ich biete als Objekt mich selbst an und mache eine Vernunftheirat. Alle diese Dinge werden sich aber erst entscheiden, wenn ich mit meiner Mutti Rücksprache genommen habe.

26.07.1947 Untersuchung. Ich nehme an, dass ich noch Arbeitsgruppe I oder II bin, obwohl ich körperlich sehr heruntergekommen bin. Meine Beine sind dünn und mein Arsch ist vollkommen weg. Aber ich sehe aus den Karten, dass mein Ziel unverrückbar unter allen Umständen festgehalten werden muss: unter allen Umständen als OK-Mann nach Hause zu kommen. Ich kann hier in diesem verfluchten Straflager nichts anderes tun, als mich mit der Arbeit einzurichten. Aber das gelobe ich hiermit, dass ich alles und nochmals alles tun werde, um mich gesund zu erhalten, damit ich den Anforderungen, die zuhause auf mich warten, gewachsen sein werde.

Auf meine nächste Karte werde ich Mutti schreiben, dass ich ihr dankbar bin, dass sie mir alles so schreibt, wie es zuhause in Wirklichkeit ist; denn ich kann mich hier mit allen schlechten Nachrichten abfinden, als wenn ich plötzlich mal zuhause vor der Tür stehe und sehe dann die ganze Bescherung.

Körperlich ist bei mir jetzt eine Veränderung eingetreten. Früher war ich bei der Arbeit furchtbar schlapp, aber ich nehme körperlich nicht besonders ab. Jetzt ist es umgekehrt, ich kann körperlich ziemlich gut arbeiten und merke keine Schwäche dabei. Auf der anderen Seite nehme ich von Tag zu Tag ab. Genauso ist es mit den Pausen. Normalerweise ist es dort so, dass man sich nach einer Pause *ausgeruhter* fühlt. Bei mir ist es genau das Gegenteil. Ich bin, nachdem ich ausgeruht habe, schlapper als vorher. Das sind die Auswirkungen am Körper eines Menschen, der zwei Jahre Gefangenschaft hinter sich hat und der noch schlimmer wie ein Galeerensträfling ausgenutzt wird.

27.07.1947 Untersuchung: Ich bin noch Arbeitsgruppe l, obwohl ich vom Hospital bis jetzt mindestens 10 kg abgenommen habe. Aber wenn man in diesem Lager einmal Arbeitsgruppe I ist, dann kommt man so schnell nicht wieder herunter?

Außerdem ist es auch ziemlich egal, denn es ist augenblicklich ein Befehl herausgekommen, der den äußersten Arbeitseinsatz aller Leute verlangt: 85 % des

Lagerkontingents muss zur Arbeit geschickt werden. 15 % werden OK bzw. krank sein. Zu diesen 15 % rechnet auch das Hauskommando.

Es ist augenblicklich so, dass bei uns das … nicht größer als sieben Kranke haben darf. Außerdem ist ein Befehl herausgegeben worden, nachdem die Gruppe III, die vorübergehend nur 6 Stunden arbeitete, jetzt wieder acht Stunden arbeiten muss. Auch OK-Leute dürfen zur Arbeit im Lager und für das Lager herangezogen werden. Außerdem war gestern eine große Brigadier-Versammlung. Dort entwickelte der Arbeits-Natschalnik seine Parolen und gab den Brigadieren größte Vollmachten auf allen Gebieten. Es kann zum Beispiel ein Brigadier, wenn er zum Mittag sagt, dass der Mann seine Norm nicht erfüllt, ihn nur eine Viertelstunde Mittag machen lassen. Außerdem soll möglichst vielen Leuten, die schlecht arbeiten, das Brot abgezogen werden. Außerdem sollen zwei Tafeln im Lager aufgehängt werden, auf denen die guten und die schlechten Arbeiter zu lesen sind. Auf diese Weise, sagt der Natschalnik, kann jeder sehen, wann er nach Hause fahren wird. Denn die guten Arbeiter sollen ja angeblich zuerst fahren. Die Arbeiter sollen auch Leute als Maurer und Schichtleute (?) melden, da diese Berufe augenblicklich stark nachgefragt werden.

Ich weiß noch nicht, wie ich mich zu dieser Frage stellen werde. Arbeitsmäßig ist natürlich günstiger zu mauern, als Steine und Kalk zu tragen. Auf der anderen Seite kann man wieder als Spezialist Schwierigkeiten mit dem nach Hause fahren haben. Ich werde meine endgültige Entscheidung in dieser Sache noch schreiben. Nochmals zur Untersuchung. Ich bin zurzeit Arbeitsgruppe I. Gestern wurde ich mit 35 Mann unseres Lagers vorgelesen als Avitaminose-Kranke. Man sagte uns, dass wir ziemlich schwer erkrankt sind und dass wir uns unbedingt 10 Vitamin-Spritzen kaufen müssen. Da nun viele kein Geld haben, soll dieses Geld durch eine freiwillige Spende der Leute, die Geld bekommen haben, zusammengebracht werden. Es werden da große Reden mit verbunden von Sozial und Antifaschismus, aber ich glaube kaum, dass man so viel Geld zusammen bekommen wird. Das Lager jedenfalls stellt, obwohl uns 400 Rubel für Verpflegung angerechnet werden, kein Geld zur Verfügung. Man kann sich nun vorstellen, dass jeder sich dann lieber seine Vitamin-Spritzen kauft, als dass er für andere bezahlt. Wie die ganze Sache ausläuft, weiß ich noch nicht. Außerdem ist es augenblicklich so, dass die vier freien Sonntage wieder weggefallen sind, wenn Arbeit im Interesse des Lagers zu machen ist und Arbeit im Interesse des Lagers ist natürlich zu machen. Ich bin in diesem Monat schon vier Sonntage arbeiten gewesen. Davon allein in der Akademie, die sie für eine kulturelle Kunstausstellung dokumentieren. Es war sehr interessant, aber man ist so kaputt und fertig, dass man nur noch …

08.08.1947 Wir kommen plötzlich vom Lager 37 nach Lager 43. Es ist dort die … (politische) … von 2000 Mann. Man holte uns nachmittags gegen 4 Uhr vom Holzplatz, wo wir beim Stapeln waren, und so ging es ins Lager 43.
Der erste Eindruck war gut und mir gefällt es bedeutend besser als im Lager 37. Unser Kommando ist das Kommando „Neues Dorf". Ich habe mich hier als Maurer gemeldet und wir haben hier eine Bruchstein-Grundmauer zu ziehen. Da ich aber nun damals angegeben habe Beruf: Maurer, nahm man mich als Spezialisten mit zu einem der Neubaue. Hier war ein Fenster um 3 cm zu *klein* gemauert worden. Ich sollte die ganze Scheiße abbrechen und neu machen. Die Arbeit, die wirklich die Arbeit eines Spezialisten war, hatte ich nicht natürlich nicht geschafft. Aber Gott hat mir schon in so vielen Fällen geholfen. Er half mir auch ziemlich. Er schickte uns noch einen Maurerpolier, der aus meiner Nähe war und der die ganze Sache schaukelte. Am anderen Tag schaukelte ich die Sache so, dass ich wieder zurück kam zur alten Maurerstelle.

12.08.1947 Ich habe meine 17. Karte erhalten und abgeschickt. Enthält 25 Worte.

17.08.1947 Der erste Sonntag im Lager, an dem nicht gearbeitet wird.

Text sehr schwer leserlich bzw. nicht lesbar

21.08.1947 Spurt auf der ganzen Linie. Vorlauf 100% nicht gelungen.
Punkt 1: Arbeitsmäßig habe ich mit Hilfe meines Tabus, aber wohl auch sehr durch persönliche Übertragung … von Vermessungs … Er hat die Ansicht, dass ich vorläufig als ZEV[25] bei ihm arbeite. Ich hätte lieber in der Schneiderei gearbeitet, aber das ist fast aussichtslos, da anzukommen. Ich habe hier den Vorteil, dass ich nicht zu arbeiten brauche. Ich mache Handreichungen und Vermessungen, die Ein … usw. Die Arbeit ist sehr interessant und ich kann sie sehr gut übersehen und sie einschätzen, weil ich selbst auf dieser Baustelle als Maurer 14 Tage gearbeitet habe. Ich werde weiter berichten, wenn die Sache …
Punkt 2: Verpflegungsmäßig habe ich das ungeheure Schwein, dass der 1. Küchenchef des Lagers ein Mühlhausener ist. *Er ist* der Fleischer … Er wohnt in der Langen*salzaer* Straße und hat kein Ladengeschäft. Er hat hauptsächlich an die Firmen … geliefert. Er hat mir sofort Nachschlag angeboten. Gestern habe ich

---

[25] ZEV = zur eigenen Verwendung

ihn das erste Mal bekommen, und zwar abends 2 Liter Suppe, 200 g Brot, Zucker, Fisch (?), Fleisch (?) und Tee.

Ich werde diese Beziehung unter allen Umständen aufrechterhalten. Erstens um hier einigermaßen wieder auf Zack zu kommen, zweitens, um wenn ich mal nach Hause komme, Beziehung zu einem Fresswaren-Geschäft zu haben. Jetzt bitte ich meinen *Gott*vater nur um eins, dass sich diese Beziehungen festigen und dass ich bis zum Ende der Gefangenschaft in diesem Lager bleibe.

Ich habe ein Ziel, mit einem Gewicht von 70 kg und möglichst mit gutem Anzug nach Hause zu kommen. Das ist das Ziel, dass ich versuche zu verwirklichen.

18. Karte abgeschickt.

28.08.1947   Politischer Spurt und vollkommener Fehlschlag.

Morgens bei schlechtem, nassem Wetter auf der Straßenbahn kam ich zu folgendem gemeinen Einfall, der mich veranlasste, folgenden Antrag an den Politoffizier einzureichen:

Ich mache dem Politischen Ermittlungsdienst des Lagers 7743 den Vorschlag, mich in den politischen Ermittlungsdienst des Lagers aufzunehmen.

Der Grund ist der Folgende: Ich selbst bin durch deutsche Führer als Jugendlicher bis an den Rand des Verderbens im Kriege geführt worden und ich habe dann den schmählichen Verrat dieser Herren an uns Jugendlichen kennen gelernt. Meine Tante, die als Oberschwester im Kreiskrankenhaus Osterode (Ostpreußen) tätig war, ist vor dem Einzug der Roten Armee … getötet, nur um die *Angst* vor den Russen aufrecht zu erhalten.

Mein Vater kam durch den verbrecherischen Einsatz des Volkssturms noch als 53jähriger in Gefangenschaft.

Diese Tatsachen, die ich erst vor kurzem erfahren habe, veranlassen mich mitzuhelfen, um die Leute, die uns ins Unglück stürzten zu überführen und zur Verantwortung zu ziehen. Ich bin bereit, mich dem Politischen Ermittlungsdienst voll zur Verfügung zu stellen, wenn der Herr Major meinen Vorschlag genehmigt.

Mein Vorschlag ist folgender: Ich bitte den Politischen Offizier, mich unter strengster Verschwiegenheit des wahren Grundes, in das Küchenpersonal des Lagers einzureihen. Vor der Küche müssen alle Leute des Lagers ihre Verpflegung empfangen und es besteht hier am besten die Gelegenheit, um fremden Leuten bekannt zu werden. Ich bin als Mitglied des Küchenpersonals überall ein gern gesehener Gast; denn jeder verspricht sich dadurch Vorteile für sich selbst. Ich glaube, dass ich dem Politischen Ermittlungsdienst im Laufe der Zeit von Nutzen bin. Ich bitte deshalb, meinen Vorschlag baldigst zu überprüfen und zu genehmigen. Unterschrift.

Wie ich selbst darauf gekommen bin, dieses teuflische Schreiben aufzusetzen, weiß ich selbst nicht. Jedenfalls bereue ich es, dass ich es getan habe. Es befindet sich noch in Händen der Antifa. Aber sollte es jemand als Erpressungsmittel gebrauchen wollen, so werde ich festbleiben und lieber die ganze Sache auffliegen lassen.

Ich wurde abends noch zum Antifa-Leiter gerufen und der hat mich zur Sau gemacht, wie noch nie zuvor. Er bezeichnete mich als Faschist, der nur Vorteile aus der Sache ziehen will und warf mich heraus. Ich selbst war dabei die Ruhe selbst. Am anderen Abend stellte er mich nochmal freundlicher zur Rede und sagte mir, dass er das Schreiben nicht abgegeben hat, das wenn ich das Schreiben abgebe, so sagte er, dann bist du morgen in einem anderen Lager und bist für Lebenszeiten verpflichtet. Obwohl der Mann mir sonst nicht sympathisch ist, bin ich ihm doch zu großem Dank verpflichtet, da er mich vielleicht vor dem völligen Untergang gerettet hat. Er meinte, dieses Schriftstück habe ich nicht aus mir heraus allein geschrieben, sondern da standen noch andere Leute dahinter. Aber ich habe nie mit anderen Leuten darüber gesprochen. Ich werde mich nach Möglichkeit nie mehr mit Politik befassen.

01.09.1947 Meine 19. Karte abgeschickt. Enthält die Sonntagsgrüße. Denke oft an unser so schönes Familienleben zurück. Hoffentlich sehen wir uns bald wieder, um dann gemeinsam eine neue Zukunft aufzubauen.
Arbeitsgruppe I ohne Untersuchung. Nesselfieber.

05.09.1947 Ich komme in einer etwas sonderbaren Angelegenheit zu dir, und zwar hat Gottfried Ernst einen komischen Auftrag für mich hinterlassen. Er lässt dich grüßen und dankt dir für das Vertrauen, das du ihm entgegengebracht hast und er lässt gleichzeitig mich bitten, doch seine Geschäfte als Hundertschaftsführer zu übernehmen, wenn du damit einverstanden bist.
Ausgang: Der Bataillon*schef* glaubt mir nicht und er fordert mich auf, den Mann zu bringen, der mich nach meinen Aussagen verkohlt hat. Das sollte die Falle für mich sein. Ich gab ihm aber selbstsicher zur Antwort, dass ich den Mann bringen werde, obwohl ich im Augenblick weder aus noch ein wusste. Ich überlegte kurz und kam zu dem Schluss, dass ich einen alten Bekannten aus dem Lager Antropshino auffordern werde, eine Falschaussage für mich zu machen. Der war dazu sofort bereit und ich gebe ihm als Entschädigung 20 g Tabak. Er ging mit mir

zum *Chef* und sagte aus, dass er sich mit mir einen Scherz erlaubt hätte und dass ich das ernst genommen habe und die Sache war erledigt.

20.09.1947 Post von Mutti. Inhalt: Vati in Weimar und noch keine Post. Ich schrieb meine 20. Karte mit Inhalt: Habe einen Landsmann kennengelernt aus Weimar. Wenn wir beide mal nach Hause kommen, werden wir vielleicht zusammen weiter studieren.

21.09.1947 Ich habe bis jetzt noch nicht erreichen können, dass ich eine Arbeit im Lager bekomme. Wenn heute Abend nochmal … in der Küche sprechen, dann ist wahrscheinlich mein letzter Versuch, denn ich weiß augenblicklich nichts anderes. Mein täglicher Arbeitseinsatz in Neudorf kostet mich täglich etwa 4 g Tabak. Dadurch habe ich die Gewissheit, dass ich körperlich nicht zu arbeiten brauche. Trotzdem bin ich in den vier Wochen in diesem Lager schon beträchtlich abgemagert. Woher das kommt, weiß ich auch nicht; denn die Verpflegung ist hier besser als im Pollacken-Lager und die Arbeit leichter, nur dass ich etwas länger auf den Beinen war.
Ich bin jetzt Arbeitsgruppe II geworden. Mein ganzes Streben und Trachten geht nur dahin, mein mir gesetztes Ziel aufrecht zu erhalten.

28.09.1947 Ich habe Post von zuhause bekommen, und zwar teilt mir Mutti mit, dass mein Vati sich in Weimar befindet. Er hat noch nicht geschrieben. Diese Schufte halten diesen braven Mann jetzt schon zwei Jahre gefangen und ich kann daran nichts ändern; genauso wie sie mich nicht loslassen. Ewige Rache sei ihnen geschworen. Arbeitsmäßig sind hier tolle Zustände: morgens um 5 Uhr steht man auf und geht zum Essen. Um 7 Uhr geht es zum Arbeiten und abends muss man froh sein, wenn man wieder um 8 Uhr im Lager ist. Wetter ist noch ganz ausgezeichnet und schön warm.

28.09.1947 Letzter Spurt bei Walter.
Ergebnis: Er kann für mich arbeitsmäßig und bekleidungsmäßig überhaupt nichts tun. Ich habe ihn gefragt, ob denn nicht wenigstens die Möglichkeit besteht, während der arbeitsfreien Zeit in der Spülküche als … mitzuwirken.
Ebenfalls ablehnende und ausweichende Antwort. Er verwies mich auf den ... der Nachfolger der Spülküche ist. Dieser war damit einverstanden, braucht aber wiederum *Genehmigung* vom Polizisten im Lager Neudorf und dieser lehnt es ab mit der Begründung und hätte keine Zeit. Walter sagt, er kann und macht überhaupt nichts in Bezug auf Personaleinstellung und so stehe ich also auch in diesem Lager trotz Landsleuten so ziemlich allein da. Ich selbst sage mir nur, selbst ist der

Mann. Ich habe jetzt eine persönliche Aussprache mit dem …-August vor und werde sagen wenn … sich ergibt:

Formuliere selbst folgendermaßen: Entschuldige bitte, wenn ich dich einen Augenblick störe, aber ich kann dich ja fast nie erreichen; denn du bist ja von morgens 5 Uhr bis abends 12 Uhr auf Achse. Ich habe mich vorgestern auf Vorschlag von Walter formlos beim Meinhardt von der Spülküche beworben, um in meiner freien Zeit in der Spülküche des Lagers mitzuarbeiten. Der Meinhardt ist auch damit einverstanden, nur als die Sache zu dir zur Entscheidung kam, hast du sie abgelehnt mit der Begründung, ich sei in Neudorf und da kommt so etwas für mich nicht in Betracht. Trotzdem gab mir der Meinhardt den persönlichen Rat, doch noch einmal bei dir vorzusprechen und der Sache doch noch vielleicht eine Wendung zu geben.

Nun bitte ich dich höflichst, mir mal eine Probewoche zuzugestehen, und wenn er mit der Arbeit nicht *zufrieden* ist, ist immer noch Zeit, mir diesen Posten wieder abzunehmen. Aber ich glaube wohl, dass der Meinhardt es so einrichten wird, dass ich in der mir zur Verfügung stehenden Zeit wohl die Arbeit verrichten kann. Ergebnis dieser Deklaration: Ich soll mich mittags vor der Essenausgabe bei ihm melden, er wird mich einsetzen. Ich sammelte am Sonntag zum ersten Mal Büchsen ein und zwar mittags. Alles starrte mich an und ich war nicht ganz sicher. Das dauerte aber nur bis abends. Am anderen Tag abends kam ich von der Arbeit. Gerhardt fing mich gleich ab und brachte mich zum ... (Gruppe)? von dem er sofort wusste, dass ich in der Antifa *bin*. Er fragte mich gleich nach Name und Wohnort. Dann fragte er mich, ob ich das Schreiben an die Antifa gerichtet habe. Ich sagte, ich bin aus Mühlhausen in Thüringen und habe das Schreiben an die Antifa geschrieben. Er fragte, ob ich mit Walter vorher gesprochen habe. Ich sagte: Ich habe mit Walter vorher gesprochen. Walter hat es aber abgelehnt, mich irgendwie einzusetzen, weil er dazu keine Machtbefugnis hat und außerdem lohnt es sich für mich, wenn ich beim Kommando Neudorf bin, nicht in der Küche zu arbeiten. Er gab mir nur den Rat, vielleicht nochmals beim Gerhardt vorzusprechen. Das tat ich und er wollte mich auch gleich einstellen; sagte aber, er muss erst den … verständigen. Und der stellte mich dann ein. Er schimpft auf Walter und sagt, Walter hätte gesagt, er habe von allem keine Ahnung. Gott sei Dank findet er Walter nicht und er schleppt mich jetzt zum Kommandanten und sagte noch vorher, ich brauchte keine Angst zu haben, es passiert dir nichts. Dann stellte er mich dem Kommandanten und dem anderen *Lager*führer vor und ich gab alles ganz offen zu: Ich habe in einem Augenblick, in dem mir die Nerven durchgegangen sind, dieses Schreiben aufgesetzt und ich schäme mich heute und kann nicht begreifen, wie ich das fertiggebracht habe (tat es nur aus Selbsterhaltungstrieb). Ich habe das Schreiben wohl geschrieben, aber mein Gewissen ist rein. So das ist mir verpflichtender? Dank. Ich habe und werde nicht nach diesem Schreiben handeln. Ich bin schon *dankbar* diesem … der mich wieder ins richtige Gleis gebracht auf seine selbstbewusste Art.

Trotzdem weiß ich, dass die Antifa das Versprechen, das sie mir gab, über dieses Schreiben zu schweigen, nicht gehalten hat; denn ich merke wohl, dass sehr viel von der Prominenz davon wissen. Aber das ist mir heute egal, und wenn es zu einem Erpressungsversuch kommen sollte, werde ich mit der Wahrheit ihre Absichten zunichtemachen.

Nun muss ich klar einmal sagen, ob sich die Sache rentiert. Ich fange morgens um 5.45 Uhr an bis um 20 Uhr; nach 7 Uhr und abends 9 oder 10 Uhr bekomme ich morgens und abends ¾ Liter Suppe. Außerdem muss ich noch acht Tage Nachtschicht machen von 2 Uhr bis 7.20 Uhr. Ich bekomme da nur das was mir die Köche rein geben zum Abwaschen. Ich habe aber trotzdem mein ½ Liter Suppe und etwa 100 g Fleisch und etwa 30 g Fett. Im Allgemeinen kann ich wohl sagen, dass sich die Sache bis jetzt rentiert hat. Nur habe ich überhaupt keine Freizeit und ich würde gern einen Sprachkurs in Russisch mitmachen, aber ich weiß noch nicht genau, wie ich das machen soll. Was ist wichtiger für mich? Diese Frage jetzt zu entscheiden ist schwer. Beim Essen denke ich an meine Gesundheit und beim Kursus an meine aktuelle Berufsumstellung. Ich werde erstmal beides versuchen und dann im rechten Augenblick das eine fallen lassen. Jedenfalls richte ich mein ganzes Leben nur auf das eine Ziel aus: Verwirklichung der Parole 1947.

15.10.1947 Ausgabe von Stoffhosen. Wetter heute um 19°C. Ganz herrlich. Ich sitze im Freien in der Sonne und schreibe eben diese Zeilen. Hoffentlich hält es an.

26.10.1947 Karte – Vatis Geburtstag mit Herz: Dir Vati von Stacheldraht zu Stacheldraht zunächst Geburtstagsgruß. Wir würden uns alle wiedersehen und gemeinsam wieder froh werden. Euer treuer Sohn Horst.
Beginn des Russen-Sprachkurses.

01.11.1947 Wir haben unsere vollständige Winterbekleidung bekommen.

04.11.1947 Untersuchung: Ärztin fragt mich, wie es kommt, dass ich so abgemagert bin. Sie fragt, ob die Arbeit zu schwer war. Ich sagte dummerweise: „Ich weiß auch nicht wovon das kommt, denn das Essen ist hier im ist Verhältnis zum anderen Lager besser und die Arbeit ist nicht schwer." Damit meinte ich irrtümlicherweise meine Arbeit als Vermessungstechniker. Am anderen Tage schon wurde mir bei der Arbeit ganz scheußlich zumute. Schwach in den *Knochen* und schlapp wurde ich. Dann musste ich noch zu allem Unglück Stoß (?) fahren und zwar den ganzen Tag bei schlechtem Wetter, so dass es sich wie auf Sand fahren anfühlte.

Ich habe so Herzschmerzen und keiner hat Einsicht mit mir, nicht mal Rockita, so dass ich den Entschluss fasste, mit diesem Elendsleben einen kurzen Prozess zu machen. Ich nahm mir vor, ab 6. November nur noch 200 g Brot täglich zu essen und das andere in Rubel umzusetzen. Den gleichen Entschluss hörte ich zwei Tage später von meinem *Kameraden* Wilhelm Groß und wir haben uns ausführlich darüber ausgesprochen; denn es gibt nur noch eins. Entweder als … nach Hause kommen oder in Arbeitsgruppe I.

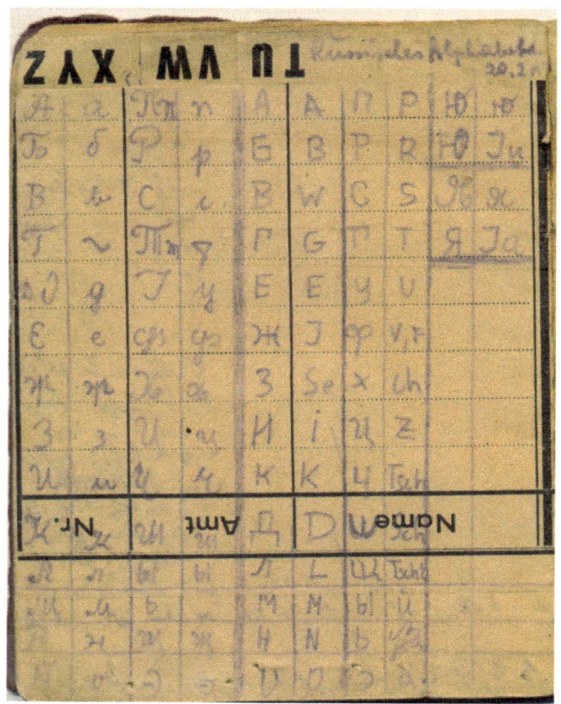

Kyrillisches Alphabet im Tagebuch

09.11.1947 Heute habe ich eine Weihnachtskarte nach Hause geschrieben. Gestern bekam ich seit langer Zeit mal wieder Post, und zwar von Tante Martha.
Ich bekomme nach Untersuchung wegen starker Abmagerung täglich zehn Tage lang einen Esslöffel Lebertran und zwei Vitamintabletten. Das Essen war sehr

schlecht während der Festtage. Zu trinken gab es nur Wasser. Am 3. Tag kein Brot und sonst nichts dran und nichts drin in den Suppen. Mein Entschluss steht jedenfalls fest und ich werde ihn diesmal durchführen. Ich ärgere mich nur, dass ich nicht schon früher darauf gekommen bin.

Ich habe jetzt mit Wilhelm Groß eine Zeit lang einen Handel mit … Kascha aufgemacht. Der war sehr lohnend. Wir verkauften mit 400 bis 500 % Gewinn. Aber ich konnte es jetzt nicht mehr aufrechterhalten, weil ich abends zu schlapp bin. Genauso wie ich damals meinen Dienst in der Spülküche aus demselben Grund aufgeben musste.

An den Tagen der Oktoberrevolution musste unser Kommando Neudorf durchlaufend arbeiten, und zwar weil am Vortage der Oktoberfeier bei vielen Leuten des Kommandos Kascha gefunden wurde. Statt dass mein russischer Soldat froh ist, dass sich die Leute etwas Zusätzliches zu essen besorgen, bestraft man die Leute, indem man ihnen fortlaufend sonntags Arbeit aufbürdet. Deshalb bin ich auch gestärkt, meinen Entschluss durchzuführen.

Mein Russisch-Sprachkurs macht mir große Freude. Ich dachte in erster Linie daran, dass ich zuhause meine Sprachkenntnisse eventuell sehr gut bei irgendeiner Firma verwenden kann.

19.11.1947 Ich komme wegen Durchfall ins Revier-Kriegslager 7743. Ich habe erst etwas gezögert, denn ich dachte in erster Linie natürlich ans Haare abschneiden usw. aber am Morgen des 19.11. konnte ich mich einfach vor Schwäche nicht mehr halten. Ich machte Stuhlprobe und zog ½ Stunde später ins Revier ein. Ich hatte Tage zuvor schon nichts gegessen und mein Essen verschenkt oder verkauft. Im Revier kam ich auf die Durchfall-Station und besuchte gleich OK Ost. Der Arzt fragte mich, ob ich schon mal … gehabt habe. Ich verneinte, sagte aber, dass ich schon einmal wegen TBC-Verdacht im Hospital Leningrad gelegen habe.

Das Essen im Revier war sehr gut. Wir bekamen morgens 170 g Weißbrot und ½ Liter Suppe, um 11 Uhr 100 g Weißbrot und eine … oder ¼ Liter Kascha mit Fleisch, um 12 Uhr ½ Liter fettige Suppe und dann ¼ Liter Kascha mit *Fisch* oder Fleisch, um 5 Uhr 100 g Weißbrot und 20 g Butter und 30 g Zucker und um 6 Uhr 100 g Weißbrot und ¾ Liter gute Suppe mit Fleisch. Ich selbst habe von diesem guten Essen recht wenig essen können, weil ich sofort alles wieder herausgebrochen habe.

21.11.1947 Untersuchung durch die Ärztin nur von … und da kam ich gleich mit auf die Liste der Leute, die ins Hospital abfahren sollen. Ankunft im Hospital um 11 Uhr abends. Es war das Hospital, das ich heute vor einem Jahr verlassen habe. Ich kannte den Betrieb genau. Einen Tag gab es wieder kein Brot. Aber mein Gewicht und meine Größe wurden hier festgestellt. Ich wiege heute mit 1,73 m Größe 53 kg. Diese Gemeinheit werde ich den Kanaken nicht vergessen. Heute vor einem Jahr hatte ich mein Normalgewicht von 68 kg.

04.12.1947 Vatis Geburtstag. Ich bin in Gedanken bei ihm. Hoffentlich muss er sich nicht auch so armselig und mit niedrigen Mitteln durchs Leben schlagen wie ich.
Mein Gesundheitszustand ist sehr schlecht. Vorgestern wurden wir entlohnt. Gestern kam die Ärztin und verordnete mir sofort … und untersuchte mich auf das Herz. Ich habe auch Beschwerden, wenn ich mich plötzlich bewege, dann ist es mir jedes Mal, als ob sich mir die innere Brust hochheben will. Ich wurde dann verlegt nach einem anderen Zimmer und kam auch zu einem anderen Arzt. Er untersuchte mich und verordnete mir auch gleich wieder … Ich stehe nur zum Austreten auf sonst liege ich den ganzen Tag. Als Medizin bekam ich in erster Linie … Gestern habe ich so starkes Ohrensausen, dass ich es dem Arzt meldete. Er strich daraufhin die Medizin und es ist wieder besser geworden. Man muss hier sehr vorsichtig sein, wenn man seine Beschwerden vorbringt. Ich jedenfalls überlege mir bei jeder Visite jedes einzelne Wort vorher was ich sage. Ich habe nämlich kein Interesse daran, dass ich mir, wie einige Überkluge die sich zum Beispiel mit Magenbeschwerden meldeten, um dadurch eine andere Kost zu erhalten. Das Ergebnis war dann, dass dem guten Herrn der Magen ausgepumpt wurde, und da wurde nichts gefunden und da blieb die Sache beim Alten. Ich kenne den Betrieb in diesem Hause ganz genau; denn ich habe ja schon drei Monate im vergangenen Jahr hier gelegen. Wir sind hier Versuchskarnickel für junge lernende russische Ärzte und da muss man vorsichtig sein.

06.12.1947 Nach der Nikolausfeier habe ich in kurzen Erinnerungen gedacht. Sonst sind uns ja hier Hände und Füße gebunden. Ich habe zum Beispiel augenblicklich unter Hartleibigkeit zu leiden und es ist mir bis jetzt noch nicht einmal gelungen, für Geld ein paar Zwiebeln zu bekommen, die den Schaden bestimmt wieder gut machen würden. Außerdem kann ich mir jetzt ein Bild von einer Inflation machen. Mein sauer verdientes Geld 100 Rubel werden am 15. wertlos und niemand gibt uns etwas dafür, weil wir ja nur *Gefangene* sind. So bin ich entweder gezwungen, mein Geld in Fresswerk für Wucherpreise wegzuwerfen oder zuzusehen, wie es verfällt. Auch das soll mir eine große Lehre sein, wenn ich zuhause mal so viel Geld haben sollte, dass ich es zur Sparkasse bringen muss. Unter allen Umständen wird das Geld in Land- oder sonstigen Anlagen angelegt.

58

23.12.1947 Mein Gesundheitszustand: Ich habe einen Herzfehler, und zwar ist das Herz entzündet. Der Doktor sagt, dass diese Entzündung wieder weggeht und dass dann aber höchstwahrscheinlich Narben zurückbleiben. Es kann sein, dass dann mit der Zeit der Herzfehler vollkommen wieder weg geht. Vor allen Dingen ist Ruhe wichtig und ich darf auch später keine schwere körperliche Arbeit tun. Mein Körpergewicht ist augenblicklich 50,9 kg. Ich bin *verzweifelt*.

In der ersten Zeit hatte ich Durchfall und hatte überhaupt keinen Appetit. Heute geht es mir so, dass ich gern das Dreifache essen würde, wenn ich es nur bekommen könnte. Das Essen ist eben im Allgemeinen wenig. Morgens 7.30 Uhr fünf Löffel Grießkascha und 180 g Brot und 20 g Butter und 30 g Zucker. Das nächste Essen (13.15 Uhr) 160 g Brot, sechs Löffel Kascha, eine Boulette, ½ Liter Kapusta-Suppe, (17.30) ¼ Liter Hafer*suppe* (19.00) sechs Löffel Kartoffel-Kascha und 140 g Brot. Meistens Schwarzbrot.

Ich habe trotz dauernden Liegens innerhalb vier Wochen 3 kg abgenommen.

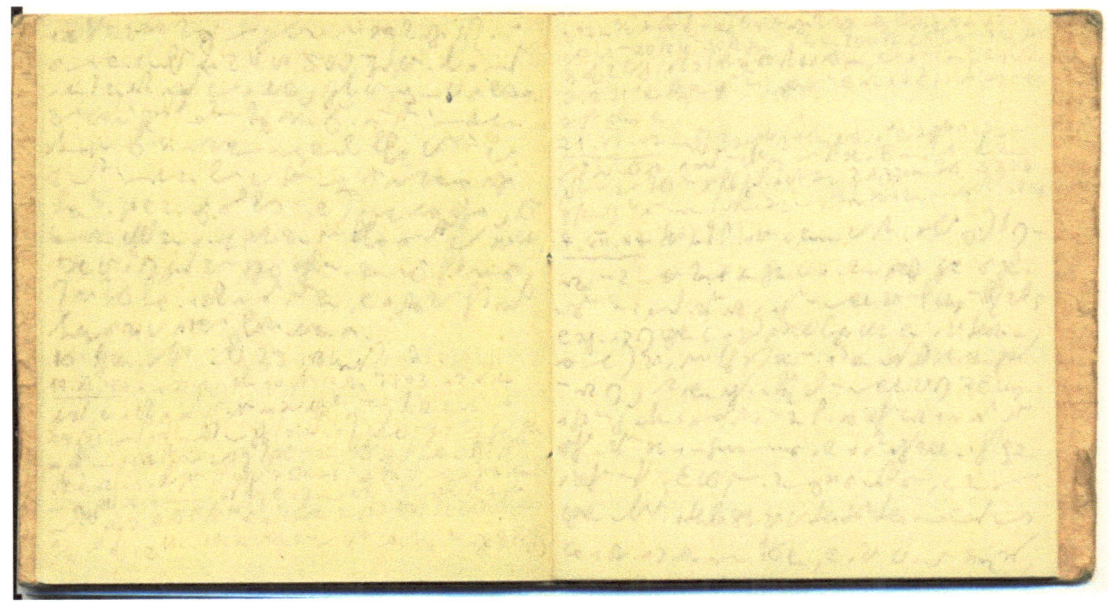

Ausschnitt aus dem Tagebuch 3

23.12.1947 … in neuester Auflage. Parolen über baldigsten Heimtransport. Amtliches ist noch nicht bekannt. Wieder einmal neue Hoffnung. Wie viel Mal noch.

Mein Gesundheitszustand: Den gestrigen Aufschluss über meine Gesundheit gab mir Doktor Dicks. Heute hat mich Doktor Starten untersucht. Er sagte, wie schon

Dr. Dicks, dass meine *Beschwerden* auf mein 1940 gehabtes Gelenkrheuma zurückzuführen sei. Durch die schwere Arbeit und durch das schlechte Essen ist dann der Herzfehler zum Ausdruck gekommen. Ich werde so Rente beanspruchen können und wenn ich jetzt mit einem Transport mitkommen sollte, noch Krankenhausbehandlungspflichtig sein. Doktor Starten meint, dass die Angelegenheit zwischen drei bis acht Wochen noch dauern kann.

Dann wird aber trotzdem noch ein Herzfehler zurückbleiben. Ich darf auf keinen Fall schwere Arbeit machen und auch vor allen Dingen keinen Sport treiben. Ich bin für diese Auskunft außerordentlich dankbar und werde mich streng danach richten.

24.12.1947 Heiliger Abend. Um 7 Uhr war auf dem Korridor unseres Flures die Weihnachtsfeier angesetzt. Wir hatten einen herrlichen Weihnachtsbaum und den nach hartem Kampf bei der Politabteilung um Aufstellungserlebnis unsere Chefärztin und unsere medizinische Oberschwester gestiftet haben. Er kostete 130 Rubel. Als erstes wurde ein Musikstück gespielt, dann wurden einige Weihnachtslieder gesungen, dann kam die Weihnachtsansprache des Antifa-Leiters und dann war mit einem Musikstück die Feier beendet. Anschließend wurde noch etwas Post verteilt. In Gedanken war ich zu Hause.

25.12.1947 Keine Visite. Allgemeiner Feiertag für uns.

26.12.1947 Ich lasse mir auf Rat vom Arzt zwei Backenzähne ohne Betäubung ziehen, fast überhaupt keine Schmerzen. In den nächsten Tagen habe ich mir noch einen ziehen lassen.

27.12.1947 Die Zeichnung meines Herzens. Objektiv. Line Grenze 1,5-2 cm außerhalb Norm. Druckgefühl in der linken Brust. Kein Herzstechen. Allgemeinzustand zufriedenstellend.

Mein Gewicht war am 20.12.1947 50,9 kg. Heute am 28.12.1947 51,6 kg. Appetit ist wieder sehr gut. Hoffentlich nehme ich weiter langsam wieder zu, damit ich wieder einigermaßen zu Kräften komme.

01.01.1948 Und wieder hat ein neues Jahr seinen Anfang genommen. Wieder, wie schon so oft, hoffen wir mal wieder auf die Entlassung. Ich bin sehr skeptisch und glaube nur noch an reelle Tatsachen. Wir haben weder zu Weihnachten noch zu Neujahr eine Sonderzuteilung bekommen. Zu Silvester wurden wir um 12 Uhr geweckt und gratulierten uns gegenseitig. Ich persönlich habe gar kein Verlangen, mich mit anderen Leuten einzulassen, denn sie sind mir doch alle ziemlich gleichgültig.

Zeichnung meines Herzens:[26]

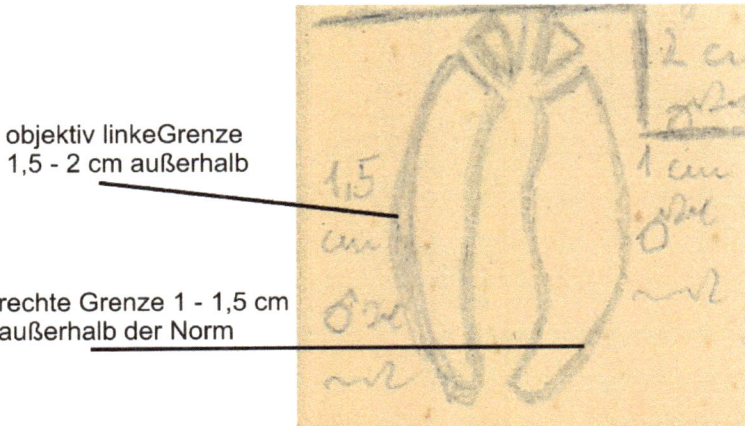

objektiv linkeGrenze
1,5 - 2 cm außerhalb

rechte Grenze 1 - 1,5 cm
außerhalb der Norm

03.01.1948 Ich lasse mir den dritten Backenzahn mit Spritze ziehen. Ich hatte vier Stunden zu tun, bis die Betäubung nachließ.

Am 05.01. bekam ich Schmerzen am linken Unterkiefer. Ich nahm an, dass es auf Rückstände des gezogenen Zahnes zurückzuführen wäre und ging daraufhin nochmal zum Arzt. Er sagte mir, dass diese Stelle vollkommen in Ordnung wäre und dass nur noch ein Zahn plombiert werden könnte, dann wären alle Zähne in Ordnung. Ein Zahn noch plombiert.

05.01.1948 Mein Gesundheitszustand ist mit dem Herzen ziemlich besser geworden. Ich habe jetzt, nachdem ich sieben Wochen strengste Liegekur gemacht habe, keine Herzschmerzen mehr und ich kann auch schon wieder einigermaßen sicher gehen, ohne Angst haben zu müssen, dass ich zusammenklappe. Mein Gewicht ist jetzt 51,8 kg. Der Arzt sagt selbst, dass man bei diesem Essen und bei Bettruhe sein Gewicht halten kann. Wenn ich doch nur eine Möglichkeit hätte, um mein Gewicht hoch zu bringen.

Mich graut täglich davor, meinen Angehörigen plötzlich mal als Knochengeripppe mit Glatze in zerlumpten Klamotten gegenüber zu stehen. Ich glaube, ich werde meine Parole doch nicht erfüllen können. Dann aber später Rache!

26.01.1948 Mein Gewicht ist 53 kg. Die Schmerzen sind nicht mehr ganz so stark. Essen gut, aber zu wenig.

---

[26] Zeichnung ähnelt eher einer Lunge

Post von Mutti vom 26.11. erhalten. Man spricht von Sonnen… in den nächsten Tagen bis zum 1. Februar.

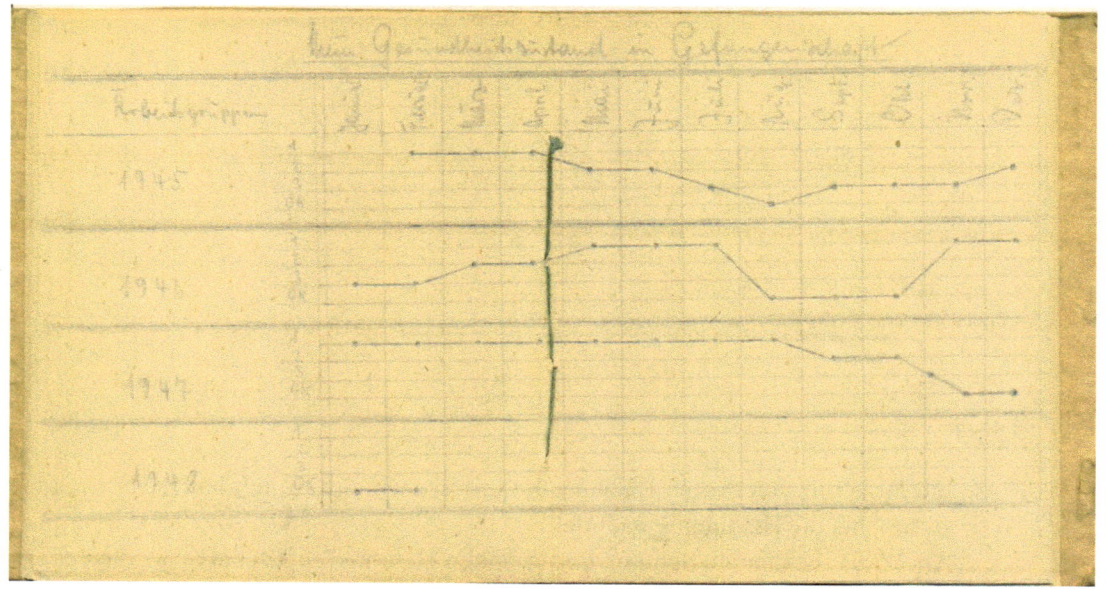

Ende der Aufzeichnungen

Lebensstationen des Horst Käthner

Am 08.02.1926
wurde **Horst Helmut Käthner** in
Mühlhausen/ Thüringen geboren.
Eltern: Schneidermeisterin Margarete
Runge und Justierer Paul Käthner

September 1932
Schuleinführung in der Grundschule
Mühlausen

Sept. 36 – März 1942	Mittelschule Mühlhausen
01.04.1942 – 19.07.1943	Finanzanwärter, Finanzamt Mühlhausen
13.07.1942	Einzug zum Reichsarbeitsdienst
16.02.1945 – Anfang 1948	sowjetische Gefangenschaft
04.04.1948 – 31.12.1950	Verwaltungsangestellter im Finanzamt Mühlhausen
01.06.1950 – 31.05.1951	Student
01.06.1951 – 30.04.1953	Amtsleiter im Finanzamt Suhl
14.04.1948 – 31.12.1950	Verwaltungsangestellter im Finanzamt Mühlhausen

06.09.1952
Heirat mit Rosemarie Schmidt

30.05.1954
Geburt des Sohnes Thomas

und am

17.11.1955
Geburt der Tochter Annegret

01.05.1953 – 31.07.1963	Direktor der Volkshochschule Suhl
01.08.1962 – 23.03.1963	Hilfskraft Gärtnerei Suhl
25.03.1963 – 14.10.1963	Verlagsangestellter bei „Freies Wort" Suhl

16.10.1963 – 22.07.1964	Revisor im Volksbuchhandel Suhl
01.09.1964 – 15.05.1970	Heimleiter Pflegeheim Großvargula/Thür.

16.05.1970 – 31.03.1971	Heimleiter Pflegeheim Ascherleben
30.08.1976	Scheidung von Rosemarie Schmidt
26.04.1971 – 30.04.1977	Heimleiter Pflegeheim Seifersdorf/Sachs.

16.05.1977 – 10.05.1978   Verwaltungsleiter „Anton-Saefkow-Heim" Dresden

01.06.1978 – 09.05.1979   Wachhabender Druckerei „Völkerfreundschaft" Dresden

01.06.1979 – 28.02.1982   Leiter Wirtschaftskontrolle Kohlehandel Dresden

16.06.1983 – 1990   Leiter Überwachungskräfte Herder-Institut Radebeul

                                   Heirat mit Ingrid Glathe

06.06.2006   Horst Käthner erlag in seiner neuen Heimat Kiel einem Krebsleiden

Bildquellen:

Seite 8   *http://www.ansichtskarten-center.de/7758-meersburg-bodensee-reichs-finanzschule*

Seite 10   *https://digit.wdr.de/entries/121341*

            https://www.noz.de/lokales/lingen/artikel/566133/zweiter-weltkrieg-die-ubergrosse-uniform-fur-einen-16-jahrigen#gallery&0&0&566133

Seite 12   Zusammengestellt aus mehreren Seiten (*https://pl.wikipedia.org/wiki/Fort_Winiary*)

Seite 13   *https://www.akg-images.de/CS.aspx?VP3=SearchResult&VBID=2UM-ESQ5M77BXW9*

Seite 14   *https://www.google.de/maps/place/Antropshino*

Seite 16   *https://www.nordmedia.de/images/cut/79856/121659/1920/1437/Arbeit%20im%20Moor2.jpg*

Seite 19   *https://www.fotocommunity.de/photo/ich-glaub-asoul-lichtbildnerin/27158792*

Seite 41   *https://www.gla.ac.uk/hunterian/visit/exhibitions/virtualexhibitions/beautyinhellcultureinthegulag/lifeinthecamp/*

Seite 67   *https://www.saechsische.de/neues-pflegeheim-an-der-buergerwiese-3891126.html*

            https://dresdner-gewerbehof.de/grossenhainer-strasse

Alle anderen Bilder befinden sich im Familienbesitz.